"交通运输行业高层次技术人才培养项目"资助

TRANSBOUNDARY AND
CONNECTION
KNOWLEDGE MANAGEMENT AND KNOWLEDGE SERVICE IN
THE FIELD OF TUNNEL AND UNDERGROUND ENGINEERING

跨界与联通

隧道及地下工程领域的知识管理与知识服务

陈志敏 编著

人民交通出版社股份有限公司

北 京

内 容 提 要

本书依托作者工作实践及相关课题研究成果，结合我国隧道及地下工程领域的行业发展特点、专业人员知识需求特点及企业知识管理的基本思路，构建了面向交通建设企业开展知识管理与知识服务的业务框架体系。深入阐述了基于科技成果总结的学术著作出版的策划思路和工作要点；围绕企业知识管理与服务的核心需求，阐明了公共知识库、企业工程技术资料库、培训、书吧、专家库及其平台建设等工作的模式及配套做法。

本书可供交通建设企业的管理者或技术专家参考，也可供出版领域的同行参考借鉴。

目录

第 1 讲　我想讲些什么（代前言）　/1

第 2 讲　隧道及地下工程领域的发展状况与发展趋势　/8

第 3 讲　隧道及地下工程学科的特点及其重大进展　/18

第 4 讲　隧道及地下工程专业的院校人才培养　/26

第 5 讲　隧道及地下工程专业技术人员从业状况与知识需求分析　/35

第 6 讲　隧道工程技术人员的核心能力　/46

第 7 讲　知识与知识管理　/56

第 8 讲　科技出版的价值与职责　/65

第 9 讲　科技出版机构的定位与转型　/72

第 10 讲　出版机构基于知识管理需求的知识服务体系构建　/79

第 11 讲　企业科技成果总结与出版　/90

第 12 讲　新时期手册工具书组稿与编写工作要点　/102

第 13 讲　科技图书编写工作的要点　　/ 114

第 14 讲　"前言"怎么写——写作建议及参考示例　　/ 124

第 15 讲　常用的写作与出版规范　　/ 131

第 16 讲　出版咨询　　/ 143

第 17 讲　公共知识资源和知识库构建　　/ 151

第 18 讲　企业工程技术资料库及集输用平台构建　　/ 155

第 19 讲　企业技术培训及在线课程开发服务　　/ 158

第 20 讲　企业书吧建设运营及图书采购服务　　/ 180

第 21 讲　企业知识管理与服务平台建设实践　　/ 182

第 22 讲　隧道及地下工程专家库的建设与运用　　/ 191

后记　　/ 196

第 1 讲

我想讲些什么
（代前言）

过去十年以及未来一段时期，出版业都将处于数字化转型的浪潮之中，并面临前所未有的挑战和机遇。实现科技出版的融合发展和业务转型，由单一图书出版向综合性知识传播与服务转变，已经成为我国科技出版机构的必然选择和现实路径。科技出版机构通过深度服务行业，探索新型知识服务模式，打破传统出版单向线性的商业模式，以服务创新转型为支撑，加快从内容主导向服务主导的逻辑转变，并以数字出版、新媒体及创新型业务尽快实现传统图书出版业务的业务迭代和经营支撑，是当前发展中的重要任务。

从我所在出版机构的实践来看，科技出版社的定位已经由传统的"图书出版"向新型的"知识传播与服务"转变。这种转变已经确定无疑，在后面我会有详细的阐释。但以我个人的经历，这种转变主要缘起于2016年主持推进的和中国土木工程学会隧道及地下工程分会（以下简称"隧道分会"）的战略合作。

进入21世纪以来，隧道及地下工程领域发展迅猛，但在理论研究、技术创新、装备研发、人才培养等各个方面，却也暴露出很多问题和不足，一线工程师的整体技术水平与能力也有待进一步提高。隧道分会是国内隧道及地下工程领域最有影响力的学术组织，拥有一大批一流的专家和理事单位，并肩负有推动行业、学科整体技术水平和能力不断提升的重要职责；人民交通出版社股份有限公司（以下简称"交通社"）是隧道及地下工程领域图书出版数量最多、新媒体发展最快、具备较好行业影响力的专业出版机构，对于推动我国隧道及地下工程领域的发展发挥了积极作用，以知识传播推动行业发展是出版社的重要职责。为此，双方基于共同的职责启动战略合作，希望以双方合作的力量推动行业的发展与进步。

在与隧道分会启动战略合作之前，我们的工作常态是以图书的策划与出版为主，尚未涉及知识服务业务，所做过的新媒体无非是以发布注册考试培训课程为主的微信公众号。作为出版机构，与全国性学术机构开展战略合作，总要有些创新和突破，为此，我们做了深入的思考和内部研讨——除了选题策划和图书出版，我们还能做什么，我们还有哪些职责，我们还可以做哪些业务延伸，等等。

最后，综合考虑作为出版机构的社会责任、出版社的实际情况、力所能及的业务创新，结合隧道及地下工程领域的需求特点，我们提出四个方面的合作意向。第一，合作推进本领域的学术出版工作，推进本领域学术成果和重大科技成果的总结，推进代表国家水准的理论与技术成果的总结、推广与应用，推进国家级出版项目的立项、组织和出版工作，面向学会成员提供出版服务；结合国家"走出去"战略，合作推进该领域科技著作的版权输出，推动隧道及地下工程技术"走出去"；第二，合作推进本领域情报资料的收集整理工作，双方合作开展本领域新技术、科研成果、重大工程、标准规范以及其他有关技术情报资料的收集整理工作，并定期发布，以推动技术交流和发展；第三，合作推进本领域从业人员的教育培训工作，以坚持公益、服务会员为原则，开展本领域从业人员的教育和培训工作，建设"隧道及地下工程大讲堂"移动端数字化知识传播平台，开展在线培训和专家咨询活动；第四，服务学会和会员，为学会工作提供支持，包括：支持学会学术活动的组织和开展，在学会设立样书专架，充实学会图书资料库，为会员及会员单位优惠提供图书资料以及其他力所能及的服务，建设"隧道书吧"，等等。

这些思考和合作设想的提出，无疑拓宽了我们的视野和思路，现在看来应该是我们向知识传播与服务转型的发端。

和隧道分会的合作，从2017年陆续展开，重大图书出版项目的策划、面向施工企业的技术培训、"隧道书吧"建设，都获得了较好的落地和发展。以此为起点，经过三年多的努力，原有的图书编辑出版业务范畴扩大为行业（企业）的科技成果总结与出版，业务范围在图书出版的基础上延伸到前期出版咨询、企业工程技术资料开发与管理；在与企业合作中发现其知识管理需求，探索出企业工程技术资料库及集输用体系构建、专业知识库建设及公共知识资源集聚等新的发展方向；技术培训方面由单一的线下培训班开设发展成为综合性企业技术培训及在线课程开发服务业务；"隧道书吧"业务得以拓展，形成了企业书吧建设运营综合解决方案，开展全品类图书委托采购服务；初步设计了企业专家咨询业务的框架，拟开展在线专家咨询业务；上述业务需要互联网平台支撑，为此开发了企业知识管理与服务平台；为进一步延伸业务链，提升研究能力和综合服务能力，提高出版机构的水平和地位，发展了软课题研究业务，承担了上级机构、学会和相关企业的多个软课题研究项目。至此，面向交通建设企业的知识管理框架体系基本形成，面向科技出版机构"知识传播与服务"定位下的新型业务架构基本确立。

上面所讲的，就是在向"知识传播与服务"定位转变中我的实践经历，关于新型业务架构也做了简要描述，这些都将在后面各讲有更详细的介绍，也是这本书的主体内容。

对这些实践经历进行再思考，我们就会提出需要予以解答的几个问题：上述工作的对象和核心是什么，都涉及哪些人员，应该聚焦什么主题，内容如何展开——这些既应该是给读者阐明的，也应该是本书关注的一个重点。

那么，通过上面的叙述可以看出，本书所探讨"知识传播与服务"的主体是交通科技出版机构，而其对象则是与隧道及地下工程领域有关的交通建设企业及相关从业人员，进而也可以涵盖到整个交通建设行业。因此，本书重点关注的对象就是两个：科技出版机构和交通建设企业。

在我们面向企业开展知识服务的过程中，我们发现，当前阶段的企业业务规模极为庞大，但整体技术支撑能力不足，项目管理水平不高，人才匮乏，软实力建设有待进一步提升，与规模发展并不匹配；很多企业都拥有大量的科技创新成果，但总结运用不够，传播有限；企业大量工程技术资料束之高阁或陆续散失，外部知识资源和专家资源缺乏有效运用，缺乏良好的技术发展运用平台；骨干人才缺乏，人才培养培训水平不足，制约了项目建设的效率和效益。这些问题不是孤立的而是系统的，对于企业内涵式核心竞争力建设产生极大影响。聚焦下来，我们可以确定，交通建设企业的"知识管理"是其核心需求，出版机构提供的则是"知识管理"框架下的知识服务，这是二者间的交集，也是本书探讨的核心。

由此，本书将以隧道及地下工程领域及相关交通建设企业、从业人员为典型代表，着重梳理其知识管理需求，进而探讨出版机构所能提供知识服务的具体做法和经验，这些需求、做法和经验可以扩展到整个交通土建领域。

从本书的适用对象来看，大致可以分为两类：一类是交通建设企业从事科技管理、工程管理、人力管理、信息化建设的相关人员以及有意愿开展学术著作编写的人员，可以从本书获得相关的借鉴；一类是出版机构从事知识服务的编辑，更会从中获取有益的经验和认识。由此也回到本书的关键词——**跨界与联通**，希望我们跨界摸索的有益观点、做法，为相关企业探索构建适应其业务特点和发展需求的知识管理架构模式提供助力，推动数字化、智能化与建造业务链的深度融合。

基于以上考虑，这本书将从以下这些方面落笔介绍：

第一部分，包括第2讲～第4讲，供读者了解隧道及地下工程领域的总体情况，包括发展状况与发展趋势、学科及其重大进展、院校人才培养，这是后续内容展开的大背景，也为读者研判自身知识管理与知识服务的发展空间提供基础资料。

第二部分，包括第5讲、第6讲，重点介绍从业人员状况和知识需求，并以问卷调查及分析报告的方式对具体问题进行了揭示，同时对隧道工程师的核心能力框架和专业能力标准进行了研究，这是企业开展知识管理决策、确立知识管理内容架构，出版机构进行知识服务提供、推进知识服务业务实施的重要基础，后面的很多工作都据此展开。

第三部分，主要是第7讲，在对知识和知识管理的基本概念、原理进行介绍的基础上，结合前述需求分析，提出了交通建设企业开展知识管理的重点工作和目标。

第四部分，包括第8讲～第10讲，向读者简要介绍科技出版的概念、价值、职责，以及科技出版机构当前的定位和转型，基于此并结合隧道及地下工程领域的背景和需求，从出版机构的视角，构建了面向企业知识管理的知识服务体系。第10讲是本书以及作者观点的核心，承上启下，呈现了知识服务业务开展的逻辑框架。

第五部分，从第11讲～第22讲，是对知识服务体系下各主要业务及其具体实践的展开介绍，包括科技成果总结与出版以及图书编写、出版咨询，公共知识资源和知识库构建，企业工程技术资料库及集输用平台构建，企业技术培训及在线课程开发服务，企业书吧建设运营及图书采购服务，企业知识管理与服务平台建设实践，隧道及地下工程专家库的建设与运用。都是我们的实战做法、经验和体会。

当然，面向企业的知识管理与知识服务，通过与企业开展全面战略合作或深度合作是有效的手段，这方面我们也做了很多的工作，在此不过多介绍，也请大家周知。

本书主要由陈志敏执笔编著，王霞参与编写了第5、6、11、12、13、14、15、16讲内容。在本书编写过程中，谢海龙、李梦在资料整理、绘图、文稿修改中提供了很多帮助。朱伽林董事长、韩敏总经理兼总编辑、戚学林副总经理在业务研究和拓展方面给与了很多支持和帮助，企业知识管理与服务项目发展团队成员曲乐、何亮、王霞、李喆、张维青、谢海龙、张晓、李梦、刘青、张敬源、王延弟、刘岩在业务实践中做了大量的工作。对于各位领导、同事所给与的支持和帮助，在此深表感谢。

本书出版得到了交通运输部"2018年交通运输行业高层次技术人才培养项目"的资助，本书部分成果来源于所参与的中国科学技术协会"2016年承接政府转移职能与科技公共服务工程"（项目编号：2016GGFZ002）下立项研究的"隧道及地下工程专业技术人才水平评价体系研究"中的部分内容，以及中国科学技术协会学科发展工程项目立项"2018—2019隧道及地下工程学科发展研究"子项目（项目编号：2018XKFZ24）中的部分内容，在此向立项资助单位表示感谢。

本书对企业知识管理的探索和知识服务的实践，得到了中国铁建股份有限公司以及下属中国铁建重工集团股份有限公司、中铁十一局集团第五工程有限公司、中铁十四局集团大盾构有限公司、中铁十八局集团隧道有限公司和市政工程有限公司，中国土木工程学会隧道及地下工程分会，川藏铁路有限公司，中铁隧道局集团有限公司，中建交通建设集团有限公司，中国铁路设计集团有限公司，青岛市西海岸轨道交通有限公司，成渝铁路客运专线有限责任公司、中铁工程设计咨询集团有限公司、中铁二院工程集团有限责任公司、新疆乌京基础设施建设管理有限公司等单位的支持和协助；雷升祥、郭陕云、赵勇、鲜国、洪开荣、许和平、王永义、巫伟军、刘泉维、康健、丁正全、李庆民、张立青、张小峰、张旭东、姬海东、麻成标、魏永幸、王元清、岳长城、齐梦学、汪国锋、郭卫社、常翔、吕波、刘四进、罗勋、高攀、冯欢欢、陈霞飞等各位领导和专家在工作中给与了大力支持，田四明、巩江峰、陈建勋、胡涛涛、史海欧、徐文田、常作维、喻葭临、谭忠盛、杨会军、蒋雅君、赵菊梅的资料对本书亦有贡献。对于以上机构和专家所给与的支持、指导和帮助，在此一并表示诚挚的感谢。

在本书即将成稿之时，"交通建设企业的知识管理与知识服务"被列为交通运输部交通强国建设试点任务，又给该领域的研究和实践提出了新的要求；经过 2020 年又一年的努力，新版企业知识管理与服务平台"昆仑学堂"开发完毕，产品端基本成型，公共知识资源集聚基本完成，服务协作团队基本建立。面向交通建设企业开展知识管理和服务，我们具备了较好的基础和条件，也确立了较高的发展目标，希望在今后一段时间能够获得更大的进展。

在企业知识管理和服务的探索和实践中，限于本人及团队的能力、水平和经验，必定存在认识不到位、思路的局限性以及实践的偏差，反映在本书中必定会有错漏和不足，敬请各位专家和读者批评指正。

面向行业（企业）的知识管理和服务，是相对较新的领域，在此也请有志于此的各位出版同行、企业人士交流探讨，以共同推进其理论和实践水平的发展。

第 2 讲

隧道及地下工程领域的发展状况与发展趋势

深入了解行业发展现状与发展趋势，对于建设企业制订相应的发展策略是有益的，对于出版机构研判其出版和知识服务的发展空间也极为必要。2018—2019 年，本人参与了中国科学技术协会学科发展工程项目立项"2018—2019 隧道及地下工程学科发展研究"子项目（项目编号：2018XKFZ24）的组织、研究、编撰和统稿工作，《2018—2019 隧道及地下工程学科发展报告》于 2020 年 9 月正式出版、发布，在此引用有关资料，供大家参考。

进入 21 世纪以来，尤其是最近的十年，随着铁路、公路、水利水电、市政等行业基础设施建设的快速推进，隧道及地下工程领域发展迅猛，建设规模极为庞大。根据 2016 年国际隧道与地下空间协会（ITA）的统计数据，我国在建隧道规模超过全球的 50%。契合本书的探讨重点，我国各主要行业隧道及地下工程发展状况统计如下。❶

一、铁路隧道方面

截至 2017 年年底，我国已经投入运营铁路隧道 14547 座，总长约

---

❶ 如无说明，本书数据统计不含港澳台地区。

15326km；在建铁路隧道3825座，总长约8100km；正在设计和规划的铁路隧道5596座，总长约13000km。截至2017年底，我国已投入运营的高速铁路隧道2835座，总长4537km；正在建设的高速铁路隧道1456座，总长约3057km；根据2016年国家发改委、交通运输部、原中国铁路总公司发布的国家《中长期铁路网规划》，到2030年之前规划新建高速铁路和城际铁路隧道的总规模在8000km以上；加上已运营和在建的高速铁路隧道，中国高速铁路隧道总长度将达到1.5万km以上。

我国铁路隧道在大规模工程建设的基础上，在理论研究、设计方法、机械化施工、特长隧道及隧道群防灾救援体系、复杂艰险山区高速铁路隧道修建等方面都取得了长足的进步，一系列科技成果荣获各级各类奖项，如2015年"高速铁路大断面黄土隧道建设成套技术及应用"、2017年"高速铁路狮子洋水下隧道工程成套技术"分获国家科技进步二等奖，2016年"高速铁路隧道围岩稳定性控制技术"获中国铁道学会科技特等奖，2017年"高速铁路隧道支护结构体系设计理论及其应用"获中国岩石力学与工程学会科技一等奖。

但随着大量隧道交付运营、川藏铁路建设的推进及大批下穿江河湖海隧道的建设，我国的铁路隧道建设仍面临着如何提高隧道结构耐久性、长距离独头施工技术、TBM通过不良地质段施工技术、软岩大断面施工技术、超大断面隧道修建技术、站隧一体化工程修建技术、高海拔高地震区大埋深超长铁路隧道修建技术以及大直径盾构高水压长距离施工等技术难题。

未来一段时期，随着技术的进步和劳动力成本的提高，智能化山岭隧道建造技术将成为必然；全断面岩石隧道掘进机（以下简称"TBM"）集开挖、出渣、支护、通风除尘、导向等功能于一体，实现了长大隧道施工的工厂化作业，为安全、优质、高效、环保地建成更多隧道提供可能；水下隧道修建技术日趋成熟，并呈现长距离化、大直径化、大埋深高水压化、地质条件复杂化、多功能化、断面布置多样化、施工装备现代化、工程技术交叉化等技术发展趋势；建筑信息模型（以下简称"BIM"）与物联网、大数据、人工智能等新技术的联合研发和应用，将会是BIM技术在隧道工程从概念应用到实质应用的跨越性一步。

二、公路隧道方面

截至2017年年底，全国公路隧道16229座/1528.51万m，其中特长隧道902座/401.32万m，长隧道3841座/659.93万m。2013—2017年年底全国公路隧道增加了6027座，公路隧道总里程增加了723.51万m。近五年已建和在建公路隧道代表性工程有新二郎山隧道、木寨岭公路隧道、新疆天山胜利隧道（钻爆法），港珠澳大桥海底隧道、深中通道（沉管法），上海长江隧道（盾构法）等。

2012—2018年中国公路隧道数量和长度变化图

随着大量公路隧道的修建，我国已全面掌握钻爆、盾构、沉管等多种工法的公路隧道建设成套技术，形成了一批公路隧道方面的先进性科技成果，尤其在高地应力软岩隧道、双洞八车道隧道、高寒高海拔隧道、海底隧道修建及特长隧道通风、防灾救援技术等方面取得了长足的进步。

但随着公路网不断向崇山峻岭、离岸深水区延伸，隧道建设面临更大的挑战，超大跨度、特长、深埋、高寒高海拔、长期耐久性等诸多问题都需要有效地加以解决，悬浮隧道、智慧隧道、绿色隧道也将是未来关注的重点。

未来一段时期，公路跨江跨海隧道将大量修建，隧道施工机械化程度将不断提高，信息技术将在隧道与地下工程中发挥重要作用。

三、地铁工程方面

截至 2020 年年底，我国城市轨道交通运营总里程约 7655km，通车城市 43 个，通车线路共 245 条。其中，地铁 6483km，占比 84.69%；其他制式城市轨道交通运营线路长度约 1272km，占比 15.31%。2020 年新增运营线路里程 1226km，创历史新高。2020 年城市轨道交通运营总里程比 2006 年的 444km 增加 7211km，是 14 年前的 17 倍。共有 57 个城市（个别由地方政府批复项目未纳入统计）在建线路总规模 6797.5km，在建线路 297 条（段）。根据各方信息，有远超 100 个城市提出了城市轨道交通发展规划的设想，规划里程超过 10000km，城市轨道交通呈大规模快速发展态势。

随着全国各地地铁工程大规模建设，地铁工程建设环境日渐严苛，工程建设难度和挑战越来越大。在克服工程建设系列难题过程中，与地铁工程相关的基础理论研究、设计、修建技术和 BIM 技术应用均取得了长足进步，并在许多领域取得突破。预制装配式地铁车站技术、异形盾构隧道技术及机械法联络通道技术等一系列新型修建技术不断涌现，单洞双线大直径盾构隧道及公铁合建超大直径盾构隧道在地铁区间隧道中得到初步应用，特殊环境下盾构隧道施工难题相继克服，密闭钢套筒盾构始发和接收技术逐渐成熟，新型地铁车站技术和隧道快速施工技术得到深入研究，BIM 技术在盾构隧道全寿命周期运营管理中逐渐发挥作用，预制化、多元化、智慧化等将成为地铁工程发展趋势。

未来一段时期，随着不同类型新技术在地铁工程中得到应用，地铁工程将呈现多元化发展趋势，包括隧道断面多元化、隧道和车站结构修建技术多元化；随着我国地铁大规模建设，地铁工程设计、施工、管理、BIM 及物联网等技术水平不断提高，地铁工程建设将趋于智慧化，如盾构管片自动拼装技术、机器人带压进舱换刀技术、刀盘刀具实时状态监测技术、盾构施工可视化及自动化掘进、矿山法隧道智能机器人开挖、硬岩隧道 TBM 施工等，甚至实现自动检测、自动修复等主动运维管理模式；随着我国地铁工程设计施工水平不断提高，通过不停运改造、拓建既有地铁车站，提高既有地铁线路的运输能力将成为可能，随着特大城市地铁线网不断扩大，改扩建既有车站提高地铁线路运能将成为新的趋势。

四、水电隧道方面

水电领域的隧道及地下工程主要涉及水工隧洞及其附属洞室、地下厂房洞室群两大类，前者通常包括输水隧洞及各类调压室、泄洪洞、导流洞等隧洞和地下洞室，后者通常包含主、副厂房和主变洞等地下洞室。此外还有大量地下交通隧道连接上述地下洞室。

水电领域的隧道及地下工程的设计与施工，相比于其他行业，既有相同点，也有自身独有的特点。水工隧洞主要用于灌溉、发电、供水、泄水、输水、施工导流和通航，面临有压、无压和明满流交替等多种复杂情况；这些隧洞及其附属洞室除了要求围岩稳定外，往往还需要承担较大的内水压力，一般要求衬砌与围岩共同承担，高压管道则考虑大量使用钢衬砌承担内水压力，同时还有控制内水外渗的要求，导致衬砌的设计理念和方法往往有别于其他行业的隧道衬砌。水电站地下厂房洞室群，其尺寸变幅较大，厂房跨度可达 20~35m，高度可达 60~89m，断面形状以高窄的城门洞形为主，既有单一洞室布置，也有多洞并列或交错布置，加之各水电站地下厂房洞室群的围岩地质条件、建设及运行管理条件各异，无法实现标准设计，设计工作量巨大。鉴于这些地下洞室一般都处于地下水包围的环境，有较高的防渗要求，为避免厂房过于潮湿影响电站运行，因此，这些洞室一般都布设有十分庞大的防渗帷幕和排水系统。

近三十年来，我国水电工程取得了前所未有的进展，尤其是抽水蓄能电站和西南高山峡谷地区常规水电站的大量建设，促使大规模地下洞室群工程迅速增加。据不完全统计，我国水电工程中已建成水工隧洞总长近 1000km，地下厂房 120 余座。在水工隧洞建设方面，已完建的锦屏二级深埋水工隧洞群，最大埋深超过 2500m，实测地应力超过 100MPa，4 条引水隧洞平行布置，长度均超过 17km，洞径超过 12m，是目前世界上发电引水规模最大的深埋长大洞室群；已完建的辽宁大伙房输水隧洞长 85km，是世界上已建单洞最长的水工隧洞；已完建的溪洛渡水电站的导流洞，封堵段方圆形过流断面尺寸 24.0m×26.0m（宽×高），是目前世界上单洞断面最大的水工隧洞。此外，还有一批高难度水工隧洞工程正在施工或规划设计，如新疆某引水工程穿天山隧洞，陕西引汉济渭工程穿秦岭隧洞，青海引大济湟穿大阪山隧洞，白龙江引水工程穿西秦岭隧洞等，其中最长的达 90km，最大埋深达 2268m，洞径多在 8m 以内。在地下洞室群建设方面，已完建的金沙江溪洛渡水电站左、右岸地下厂房开挖尺寸为 443.34m×31.9m×75.6m（长×宽×高），各装 9 台 700MW 水轮发电机组，装机规模达 12600MW，是目前世界上规模最大的已建地下水电站；已完建的向家坝水电站右岸地下厂房开挖断面尺寸为255m×33.4m×85.5m（长×宽×高），是目前世界上厂房跨度最大的已建地下电站；在建的白鹤滩地下厂房最大单机容量达到1000MW，跨度达到34m，高度达88.7m，长度超过450m，尾水调压井最大直径达48m，将成为世界上开挖断面和综合规模最大的地下厂房洞室群。

这些世界级难度的巨型工程的成功建设，极大地推动了我国水电领域隧道和地下工程技术的发展，在深埋洞室群工程信息化与数字化技术、数值分析技术、岩体本构、灾害孕育演化规律及成灾机理、开挖支护程序、开挖卸荷及应力调整路径、围岩变形稳定控制、安全评价、强岩爆区水工隧洞开挖支护施工、大跨度高地应力厂房开挖支护施工等方面的关键技术取得了一系列研究成果，同时，在勘测设计、监测与反馈分析以及高原高海拔施工组织等方面积累了丰富的经验。总体上，我国水电领域的隧道和地下工程技术已居于世界领先水平，中国的水电行业开始响应"走出去"以及"一带一路"倡议，向发展中国家，甚至是向发达国家输送我国成熟的水电领域隧道和地下工程建设技术。

鉴于我国复杂多样的地形、地质、环境及水力条件，使得地下工程的选择、规模及难度越来越高。目前我国已建及在建的水电站地下洞室群呈现出单机大容量、洞室大跨度、施工大规模、地质条件复杂、综合技术难度高的特点，未来水电领域隧道和地下工程建设将面临更加复杂的技术难题。比如：针对复杂的地应力条件，如何高效地进行测试以及评价，深埋岩体的力学特性和机理研究有待进一步深入，复杂深埋岩体数值分析方法有待进一步拓展，地下洞室长期稳定性研究亟待开展，岩爆、突水、突泥的预测与防治技术，以及围岩稳定安全评价体系等。这些都需要从实践到理论、从经验到标准等方面的跨越。此外，复杂地质条件下大落差河段的开发利用仍有诸多关键技术问题亟待突破，高寒高海拔恶劣自然环境以及当地复杂、敏感的人文社会环境也将加大工程建设难度。

五、城市地下空间开发方面

2019年，科幻电影《流浪地球》上映，地下空间建设及功能得到了很好的科普，"地下城"一度成为热点话题，在电影中地球表面温度下降到零下80℃，不再适宜人类居住，人类全部生活在地表以下5000m深处的地下城，而随着城市地下空间的不断开发，科学技术的不断创新，这一切都将成为可能。

城市是代表一个国家经济发展水平和社会文明进步的重要标志，城市发展充分向地下延伸是城市现代化建设的鲜明特征之一。我国城市地下空间的开发从最初的地铁建设发展到如今的大型地下商业街、地下综合体、综合管廊、排水深隧等，城市地下空间的开发利用正逐步趋向多元化和复合化发展，交通拥堵、空气污染以及雨洪内涝等问题正在通过开发利用城市地下空间得到逐步解决。截至2017年底，综合管廊的已建和在建里程达6575km，大型城市地下工程的建设也在快速发展，如武汉已建成亚洲规模最大的城市地下综合体——光谷广场综合体。

今后一段时期，城市地下空间开发将呈现由浅埋向深埋发展、由小跨度向大跨度发展、由单体工程向网络化结构发展、由功能单一化工程向综合体发展、运维管理向大数据、智能化方向发展、建造环境向更复杂化发展的趋势，值得密切关注。

六、结语

总体上看，我国已经成为涵盖特长及复杂隧道、海底及深埋隧道、特大断面隧道及洞室在内，世界上隧道及地下工程建设规模最大、建设速度最快且地质条件最复杂、建设难度最大的国家，工程建设类型丰富，规模庞大，科研、技术与装备发展极为活跃和快速，从业人员众多，建设技术水平不断提高。2017年党的十九大明确提出推进交通强国建设，2019年9月中共中央、国务院印发《交通强国建设纲要》，统筹推进交通强国建设。未来30年，布局完善、立体互联的交通基础设施建设，将给隧道及地下工程的发展带来重大发展契机。

但与此相对应，就目前总体发展状况而言，我国的隧道建设水平和能力、理论与技术应用体系仍然需要进一步提高和完善，隧道专业人才培养以及一线工程师的整体技术水平与能力有待进一步提高。在建设"隧道强国"的背景下，更需如此！

基于上述背景，从知识服务机构的角度来看，我们判断，未来一段时期，隧道及地下工程领域庞大的建设规模、不断增大的建设难度、持续的技术发展和规模庞大的从业人群，以及与之相对应的知识需求，将给出版和知识服务带来极大的发展空间。

本讲参考文献

[1] 中国土木工程学会. 2018—2019隧道及地下工程学科发展报告[M]. 北京：中国科学技术出版社，2020.

[2] 严金秀. 中国隧道工程技术发展40年[J]. 隧道建设（中英文），2019，39（04）.

[3] 洪开荣. 近2年我国隧道及地下工程发展与思考（2017—2018年）[J]. 隧道建设（中英文），2019，39（50）.

[4] 赵勇，田四明. 截至2018年底中国铁路隧道情况统计[J]. 隧道建设（中英文），2019，39（02）.

[5] 谭忠盛. 隧道与地下工程建设理念及关键技术——记王梦恕院士的主要学术思想和科研成就[J]. 隧道与地下工程灾害防治，2019，1（02）.

[6] Zeyan Yang, Chao Liu, Mingxin Wu. Leanding-edge technologies in hydro developement in China[J]. Global Energy Interconnection, 2019, 2（03）.

[7] 中国电机工程学会电力建设专业委员会，中国电力建设集团有限公司，中国水力发电工程学会. 中国电机工程蓄水专业发展报告 2017—2018[M]. 北京：中国电力出版社，2018.

[8] 王梦恕. 中国隧道及地下工程修建关键技术 [M]. 北京：人民交通出版社，2010.

第 3 讲
隧道及地下工程学科的特点及其重大进展

"博观而约取，厚积而薄发"，深入了解隧道及地下工程学科以及近些年的重大进展，无论是对于企业科技管理还是对于编辑出版，都极为有益。2018年，中国科学技术协会在学科发展工程项目下立项"隧道及地下工程学科发展研究"子项目（项目编号：2018XKFZ24），该项目由中国土木工程学会隧道及地下工程分会承担项目研究工作，分会秘书长洪开荣担任首席科学家，作者参与了部分研究和编撰工作。在项目研究中，作者对隧道及地下工程学科的划分、特点和重大进展进行了研究整理，现把相关内容列举如下，供读者参考。

一、隧道及地下工程学科的特点

"隧道及地下工程"是《中华人民共和国学科分类与代码国家标准》（GB/T 13745）"工程与技术科学类"中一级学科"土木建筑工程"的分支领域，隶属于2011年颁布的《授予博士、硕士学位和培养研究生的学科、专业目录》中一级学科"土木工程"下的二级学科"桥梁与隧道工程"。"隧道及地下工程"作为分支学科，该名称已在学术、工程、教育等业界及部门间广泛长期使用，并得到认同。该学科具有以下几方面特点：

（1）自我国第一条隧道——台湾狮球岭隧道 1890 年建成以来，截至 2017 年年底，我国运营通车的铁路隧道约 14500 多座、15300 多公里，公路隧道约 16000 座、15000 多公里，以及一大批地铁隧道、水电隧洞、城市地下空间和特殊洞室。"隧道及地下工程"的发展已经有近 130 年的历史，并已经成为一个专门的、规模较大的行业领域，有一大批科研、设计、施工、装备与材料制造机构和人员从事相关工作。

（2）目前我国拥有一大批科学研究机构、数十个高水平研究平台以及较大规模的科学家群体在其中开展相关研究工作，多年来取得了一大批科研成果，发表了一大批论文、著作，构建了隧道及地下工程领域的学科发展体系。

（3）据统计，我国至少有 126 所公立高等院校开办土木工程专业隧道及地下工程方向和城市地下空间专业，至少有 113 所高职院校开办地下与隧道工程技术、铁路桥梁与隧道工程技术、城市轨道交通工程技术等相关专业；涉及隧道工程硕士研究生和博士研究生培养的科研院所有 130 多所。"隧道及地下工程"已经具备完整的高等和职业教育以及人才培养体系。

（4）"隧道及地下工程"领域拥有专门的学术社团组织——中国土木工程学会隧道及地下工程分会，其前身是由我国近代杰出工程师詹天佑先生创建的中国工程师学会，1979 年 3 月在四川峨眉召开了成立大会，原名隧道工程学会，1982 年起改为隧道与地下工程学会，后又统一改为"分会"，1979 年加入国际隧道与地下空间协会（ITA）。从 1986 年到 1990 年期间，本会副理事长高渠清教授担任为 ITA 执行委员兼隧道维修养护工作组成员；2005 年副秘书长刘维宁被选为 ITA 的执行委员；2010 年，中国土木工程学会市政工程分会秘书长白云当选为 ITA 副主席；2019 年，本会副理事长严金秀当选为 ITA 主席。隧道及地下工程分会的专业范围涉及铁路和公路隧道、水工隧洞、地下铁道、城市地下空间利用、矿山和洞库等各类地下工程，会刊为《现代隧道技术》。

（5）历经长期的工程建设活动，"隧道及地下工程"已经具备相对独立的知识体系，包括隧道力学理论、围岩稳定性评价及分级方法、"新奥法"原理，挪威法、新意法等修建技术方法，以及相对独立的隧道设计、施工、装备、材料、养护维修技术体系。

隧道及地下工程是现代公路、铁路、城市地铁、水电工程、城市地下空间建设中的重要组成部分，在现代综合交通运输体系建设、地下空间开发利用中发挥着越来越重要的作用。隧道及地下工程学科即以服务工程建造为目标，围绕基础理论、技术方法、装备与材料，进行系统性、针对性的科学研究，进而构建形成本学科的理论、方法、技术体系。本学科具有结合工程实践的需要从事应用基础科学研究的明显特点，研究成果既推动了学科基础理论的发展，又直接为生产实践服务。

二、隧道及地下工程学科的重要进展

20世纪以来，随着我国社会与经济的飞速发展，我国隧道及地下工程发展迅猛，特别是随着高速公路和高速铁路项目的修建，隧道工程呈现出建设标准高、速度快、长度长、断面大、地质复杂、工期短等显著特点，并且高海拔、大埋深、高岩温、强富水、挤压性围岩和不良气体等隧道逐渐增多，城市区复杂环境隧道和跨越江海的水下隧道也呈快速增长之势。这些隧道工程的建设对修建技术提出了很大的挑战，也给学科发展带来了难得的发展机遇。这一时期我国隧道及地下工程学科的主要进展，可以概括为以下五个方面：

1. 我国正由隧道建设大国向隧道建设强国迈进

经过几十年几代建设者的不懈努力，我国的隧道及地下工程修建水平已跻身国际先进行列。在铁路隧道修建长度方面，我国已经成功修建了9座20 km以上的交通隧道，最长的已建隧道是32.69 km的青藏铁路关角隧道；在建长度超过20 km的隧道有6座，最长的在建隧道是34.5 km的大瑞铁路高黎贡山隧道。我国已经完全掌握20 km级隧道的修建技术，正在向着修建30 km及以上特长隧道的水平发展。北京—张家口高速铁路八达岭地下车站，地下建筑面积3.6万 m^2，是迄今世界上最大的高铁地下站，车站两端的渡线隧道开挖跨度32.7 m，是国内单拱跨度最大的暗挖铁路隧道。在水下隧道方面，2017年7月7日全线贯通的港珠澳大桥沉管隧道是世界上最长、埋入海底最深（50m）、单个沉管体量最大的公路沉管隧道，多项修建技术引领全球。在城市地下综合体方面，深圳前海综合枢纽工程建成后将达到世界第二、亚洲第一的规模，代表着我国城市地下空间开发利用的规划与建造技术取得重要进展。在水电工程方面，建成了目前世界上规模最大的地下水电站、厂房跨度最大的地下水电站、规模最大的长大洞室群，并正在建设世界上开挖断面和综合规模最大的地下厂房洞室群、单洞断面最大的水工隧洞。

伴随重大工程的修建，我国隧道及地下工程修建技术取得长足发展，在勘察技术方面，随着高分辨率遥感技术等先进勘察手段的逐步引入应用，以及无人机勘察技术水平的快速提升，在隧道工程勘察技术方面逐渐形成了"空、天、地"三位一体的综合勘察技术，解决了复杂艰险山区传统勘察方式难以实现"上山到顶，下沟到底"的难题；三臂液压凿岩台车、三臂拱架安装机、湿喷机械台车、全液压自行式仰拱栈桥、新型隧道衬砌台车、衬砌自动养护台车等一系列隧道专业设备的开发与应用，推进了我国隧道施工机械化发展，明确了智能化的发展方向；港珠澳大桥建成通车，标志着我国沉管隧道修建技术达到国际领先水平；现代信息技术的积累与突破性发展，为隧道行业构建大数据平台奠定了技术基础，开发完成多个基于多维海量信息构建的隧道大数据平台，利用平台深度挖掘机器自学习能力，提高工程决策水平，促进隧道智能化建设的发展；世界级难度水电巨型工程的成功建设，取得了一系列研究成果，我国水电领域的隧道和地下工程技术已居于世界领先水平。

2. 学科发展服务工程建设，工程实践与科技创新互为驱动

广深港高铁狮子洋水下隧道是世界首座高速铁路水下盾构隧道，也是我国已建成的最长水下隧道和首座铁路水下隧道，通过国内建设、设计、施工、科研等多部门的联合攻关，系统解决了结构安全保障、工后沉降控制、盾构地中对接、隧道气动效应控制、防灾疏散等方面的多项技术难题，实现了世界高速铁路水下盾构隧道从无到有的突破，并为更长、更大水深隧道的建设奠定了基础。兰渝铁路西秦岭隧道为兰渝铁路第一长隧，同时也是我国已建成通车的第二长隧，采用大直径（10.23m）硬岩敞开式TBM施工，实现了大直径、快速、长距离、高效施工的目的，提高了我国特长隧道修建技术水平，推动了我国TBM产业的发展，在同类工程中具有重大的推广应用价值。港珠澳大桥沉管隧道为港珠澳大桥岛隧工程的重点控制工程，作为世界上体量最大施工环境最复杂的沉管隧道，该隧道创新研发了半刚性沉管隧道结构体系，开发了适合于半刚性沉管结构的永久预应力体系，研发了外海沉管安装成套技术和装备，创新了深水沉管免调整精确定位技术，攻克了巨型沉管在受限海域拖航、锚泊定位、作业窗口管理诸多难题，形成了具有自主知识产权的外海沉管安装成套技术方案，创新提出了可折叠主动止水的结构理念，发明了整体式主动止水最终接头技术，为今后我国在更复杂水域建设沉管隧道积累了经验。金沙江溪洛渡水电站地下厂房、向家坝水电站右岸地下厂房、白鹤滩水电站地下厂房、锦屏二级深埋水工隧洞群等世界级难度巨型工程的成功建设，在深埋洞室群工程信息化、数字化技术、灾害孕育演化规律及成灾机理、围岩变形稳定控制、强岩爆区水工隧洞开挖支护施工、大跨度高地应力厂房开挖

支护施工等方面取得了一系列研究成果。

3. 多学科交叉融合全面发展，信息化、智能化引领未来方向

作为工程应用类学科，隧道及地下工程学科在地质学、岩石力学与工程、数值分析、信息科学、土木工程技术、机械工程及装备制造、材料科学等多类学科支持、多种手段综合研究的基础上快速发展，相关学科的发展对本学科的发展起到了极大的支撑作用。隧道力学以及数值分析技术的进步和发展，对隧道工程修建技术产生重大影响。我国凿岩台车、盾构、TBM 等一系列智能化隧道专业装备的研发与应用，推进了我国隧道施工机械化发展。BIM 技术在隧道及地下工程领域得到了大量应用，BIM 技术平台整合多源数据，以数字化、信息化和可视化的方式提升了规划、设计阶段的精度和深度，实现了施工阶段的动态模拟和信息化管理，并为运维阶段实现信息化、精细化资产管理提供技术支持。大数据与深度学习相关技术的发展日新月异，加速了通信与计算机技术为代表的高新技术与隧道修建技术交叉、融合，拉开了智能建造的序幕。中铁隧道局集团有限公司（以下简称"中铁隧道局"）、中铁装备工程集团有限公司（以下简称"中铁装备"）、中国铁建重工集团股份有限公司（以下简称"铁建重工"）等企业，均利用大数据技术构建了具有隧道施工信息数据采集、存储、分析及应用等功能架构的掘进机远程信息化管理系统，实现了盾构、TBM 施工监控和集群管理。以机械化、信息化施工技术为基础，深度融合物联网技术，研发开挖及支护智能化施工设备，依据隧道全工序智能化施工要求，建立开挖及支护机器人化装备协同管理方法，并利用计算机语言建立协同管理平台，推进实现智能化建造。

4. 以高水平人才培养适应行业快速发展的需要

随着以交通建设为基础的隧道及地下工程领域建设规模的快速扩大，

高等教育和职业教育快速跟进，开设相关专业院校越来越多，人才培养规模不断扩大。与此同时，专业建设不断完善，教育教学改革不断推进，人才培养水平不断提升。研究平台与研究团队建设不断加强，截至2017年年底，我国共有隧道及地下工程学科的省部级及以上重点实验室共计28个，以及多家各级相关研究平台，为学科发展起到了重要支撑作用。

5. 我国隧道及地下工程学科发展面临新挑战

当前一系列国家发展战略、规划的启动以及重大工程的实施，从各个方面对隧道及地下工程领域的技术发展提出了新的需求。中长期规划在琼州海峡、渤海湾以及台湾海峡修建3座海峡通道，采用隧道形式修建的长度将达到28km、126km、147km，海峡环境水深，地质复杂，穿越长度前所未有，目前的工程技术在工程勘察、设备性能、隧道运维等诸多方面还难以完全满足建设需要。

在今后一个时期内，以川藏铁路为代表的极复杂艰险环境、穿越脆弱生态区的隧道将越来越多，动物与植物资源保护、水土资源保护等问题日益突出，隧道施工阶段和全寿命运营周期内的隧址区域环境保护问题亟待突破。随着我国长江经济带、粤港澳大湾区等集群式发展战略的提出和落实，现有城市基础设施的服务能力将远远无法满足发展要求，繁华城区的大型、超大型地下综合体越来越多，如深圳前海综合交通枢纽工程和武汉光谷地下综合体工程，这些体量空前、功能多样综合体的大规模修建迫切需要从立法、规划设计、建造运营和风险防控等方面进行系统性研究。随着我国在极端环境条件下施工的隧道及地下工程日益增多，传统建筑材料难以满足要求，研发适应高寒环境、长距离运输的新材料，保障隧道结构质量安全，提高服役年限，是未来的一大需求。我国各领域运营隧道（洞）已接近5万km，已进入建维并重时期，隧道老龄化问题日渐凸显，迫切需要开发隧道病害智能诊断、快速修复与自修复技术。超长复杂隧道及大规模地下工程发生火灾时，人员疏散救援困难，易致群死群伤，如何设置工程设施，发展信息化及数字化方法，实现火灾防护及疏散救援的智慧化是未来的重大需求。据不完全统计，我国全断面隧道掘进机的保有量已近 3000 台，行业的技术发展已经进入重要发展阶段，但在高水压、长距离、大直径、智能化、信息技术、机器人技术、异形盾构和微型盾构等方面仍然要做深入研究。

本讲参考文献

[1] 中国土木工程学会. 2018—2019 隧道及地下工程学科发展报告 [M]. 北京：中国科学技术出版社，2020.

第 4 讲

隧道及地下工程专业的院校人才培养[1]

我国隧道及地下工程学科的人才培养主要由高等院校和职业院校承担，同时也依托相关科研院所和部分企事业单位开展相关的科学研究工作。由于隧道及地下工程学科在发展过程中，学科交叉性和跨专业人才流动性日益增强，与相近学科、专业之间的关联性也日益紧密，事实上目前也难以完全界定隧道及地下工程学科与其他关联学科之间的界限，因此，为简化统计和分析工作，本部分内容主要反映与隧道及地下工程学科直接相关的人才培养情况，其他相关的关联学科或专业如建筑学、地质工程、勘查技术与工程、采矿工程、岩土工程、结构工程、安全工程、防灾减灾工程及防护工程、工程造价、工程管理等内容暂未全部统计和收录。

隧道及地下工程学科的人才培养目前主要分为高职、本科、研究生（硕士、博士）等不同层次和阶段，主要培养单位为各类职业院校、高等院校和部分科研单位。该领域的人才培养注重应用型、创新型、复合型，能够从事隧道工程、城市地下空间资源开发与利用的理论分析、规划、勘测、设计、施工、维修养护、投资和运营管理等方面的工作。

---

[1] 本讲内容主要引用《2018—2019隧道及地下工程学科发展报告》的有关资料。

一、招生专业目录

按照学历层次，根据《普通高等学校高等职业教育（专科）专业目录》（2015年）、《普通高等学校本科专业目录》（2012年）、《学位授予和人才培养学科目录》（2018年），列出隧道及地下工程人才培养的专业代码、专业名称等信息如表所示。

隧道及地下工程招生专业目录表

序号	学科或专业类	专业代码及名称	层次	备注
1	5403 土建施工类	540302 地下与隧道工程技术	高职	—
2	6001 铁道运输类	600110 铁路桥梁与隧道工程技术	高职	—
3	6006 城市轨道交通类	600605 城市轨道交通工程技术	高职	—
4	0810 土木类	081001 土木工程	本科	地下工程方向
5	0810 土木类	081005T 城市地下空间工程	本科	—
6	0814 土木工程	081406 桥梁与隧道	硕士	学术型
7	0852 土木	085213 建筑与土木工程	硕士	专业学位型、工程硕士
8	0814 土木工程	081406 桥梁与隧道	博士	—

二、招生机构类型及规模

隧道及地下工程相关专业人才培养的机构以普通高等学校为主，按人才培养层次划分，大学、独立设置的学院主要实施本科层次以上教育，高等专科学校、职业技术学院实施专科层次及以上教育，另外部分科研单位也有相应的人才培养职能，但主要为研究生层次。

1. 专科（高职）层次普通高等学校

专科（高职）层次普通高等学校开设隧道及地下工程相关3个专业的

数据统计见表2。扣除统计中重复计算的院校，专科层次的普通高等学校共计113所，招生规模6000~7000人/年。

隧道及地下工程专科（高职）招生院校统计表（2017年）

序号	专业代码及名称	数量（所）	招生规模（人/年）
1	540302 地下与隧道工程技术	64	2500~3000
2	600110 铁路桥梁与隧道工程技术	11	约500
3	600605 城市轨道交通工程技术	81	3000~3500

2. 本科层次普通高等学校

全国目前约有554所高校开设了土木工程本科专业，根据不完全统计，其中开设有隧道及地下工程专业方向的本科院校91所，另外开设城市地下空间工程专业的本科院校62所，统计结果见表。扣除统计中重复计算的院校，本科层次的普通高等学校共计126所，招生规模约5500人/年。

隧道及地下工程本科招生院校统计表（2017年）

序号	专业代码及名称	数量（所）	招生规模（人/年）
1	081001 土木工程（隧道方向）	91	约3500
2	081005T 城市地下空间工程	62	约2000

3. 研究生层次普通高等学校

研究生培养的类型包括学术型硕士、专业学位型硕士（含工程硕士）、博士等类型，招生单位主要以普通高校为主，另外在一些科研机构如中国铁道科学研究院、中国地震局工程力学研究所等单位也有相关学科的研究生专业招生。由于研究生培养阶段的学科交叉性较强，除了桥梁与隧道工程（隧道方向）的硕士和博士专业以外，也有一些高校和科研机构在岩土工程、防灾减灾工程及防护工程、采矿工程、安全科学与工程等研究生专业下设置了隧道及地下工程相关的研究方向，因此基于中国研究生招生信息网补充检索了部分高等院校和科研机构中相关学科的隧道及地下工程研究方向招生的情况。由于支撑隧道及地下工程学科发展的基础学科较多，网站信息更新不及时或不完全等因素，因此此处的统计可能也会存在一些缺漏。

根据上述思路展开的不完全统计，并扣除统计中重复计算的院校，招收桥梁与隧道工程专业（隧道方向）硕士生的科研院所共计56所（纳入相近和有交叉的二级学科以后，招收隧道及地下工程相关专业方向的硕士生的科研院所总计超过130所），招收桥梁与隧道工程专业（隧道方向）博士生的科研院所共计36所（纳入相近和有交叉的二级学科以后，招收隧道及地下工程相关专业方向的博士生的科研院所总计为51所），统计结果见表。

隧道及地下工程研究生招生院校统计表（2013—2017年）

序号	阶段	专业代码及名称	数量（所）
1	硕士	081406 桥梁与隧道（学术型）	56
2		085213 建筑与土木工程（专业学位型、工程硕士）	
3		(0814J3) 城市地下空间工程（学术型）	1
4		其他二级学科（岩土工程、防灾减灾工程及防护工程等、地质资源与地质工程、采矿工程、安全工程）	80
5	博士	081406 桥梁与隧道	36
6		081401 岩土工程	21
7		081405 防灾减灾工程及防护工程	7
8		081800 地质资源与地质工程	8
9		其他二级学科（采矿工程、安全科学等）	6

研究生的培养规模通过中国知网的博硕士论文库收录的相关毕业论文数量去筛选和查询可知，隧道及地下工程及相关学科在2013—2017年间年均培养博士约200人、年均培养硕士2000~2200人（近年有上升趋势）。

三、人才培养统计分析

通过以上的数据统计可知,随着我国隧道及地下工程建设的快速发展和推进,对隧道及地下工程专业人才的需求日益凸显,也促使我国隧道及地下工程学科的人才培养取得了长足的进步。

从人才培养机构的数量和人才培养规模来看,在 2013—2017 年间,我国隧道及地下工程学科的人才培养体系已经形成了专科—本科—硕士—博士的人才培养体系,相对完备;有超过 100 所的专科院校每年面向行业输送 6000~7000 人的专科层次技术人才,同时也有相同数量的本科院校每年培养规模超过 5000 人的本科层次技术人才;在高层次人才的培养上,我国 130 余所院校每年可培养 2000 人左右的硕士生、200 人左右的博士生。通过不同层次人才的培养,近年来我国隧道及地下工程学科的人才培养已经近 15000 人 / 年。

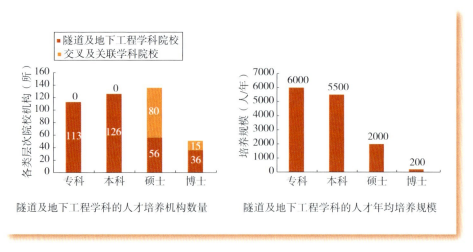

隧道及地下工程学科的人才培养机构数量　　隧道及地下工程学科的人才年均培养规模

通过对相关本科及以上层次高等院校和科研机构的办学历史、人才培养规模、博硕士学位点设置等指标的调查,筛选出 40 余所在隧道及地下工程以及相关学科（岩土工程、防灾减灾工程及防护工程、水利水电工程、地质工程、资源与矿产工程等）的人才培养方面具有一定代表性的高校。

隧道及地下工程学科（及主要关联学科）的代表性院校和科研机构

序　号	学校/机构	序　号	学校/机构
1	安徽理工大学	24	吉林大学
2	合肥工业大学	25	东南大学
3	北京交通大学	26	河海大学
4	北京工业大学	27	中国矿业大学
5	北京科技大学	28	南京工业大学
6	清华大学	29	陆军工程大学
7	中国矿业大学（北京）	30	大连理工大学
8	中国地质大学（北京）	31	沈阳建筑大学
9	中国铁道科学研究院	32	东北大学
10	煤炭科学研究总院	33	辽宁工程技术大学
11	重庆大学	34	山东大学
12	重庆交通大学	35	山东科技大学
13	兰州理工大学	36	长安大学
14	兰州交通大学	37	西安建筑科技大学
15	广州大学	38	西安科技大学
16	石家庄铁道大学	39	西安理工大学
17	郑州大学	40	太原理工大学
18	哈尔滨工业大学	41	同济大学
19	中国地震局工程力学研究所	42	西南交通大学
20	中国科学院大学	43	成都理工大学
21	武汉大学	44	四川大学
22	中南大学	45	天津大学
23	长沙理工大学	46	浙江大学

同时，在本科层次人才的培养上，近年来城市地下空间工程特设专业的发展也较快，因此在表6中列出了截止到2017年年底在教育部通过了专业审批或备案的相关院校名单。

城市地下空间工程特设专业院校名单（截止到2017年年底）

序号	年度	学 校 名 称	序号	年度	学 校 名 称
1	2002	中南大学	23	2012	徐州工程学院
2	2004	山东大学	24		山东建筑大学
3	2005	山东科技大学	25		湖南城市学院
4		西安理工大学	26		昆明理工大学
5	2007	南京工业大学	27	2013	哈尔滨工业大学
6	2009	天津城市建设学院（现天津城建大学）	28		辽宁石油化工大学
7		安徽理工大学	29		盐城工学院
8	2010	太原理工大学	30		郑州大学
9		吉林建筑工程学院（现吉林建筑大学）	31		河南理工大学
10		吉林建筑工程学院建筑装饰学院（现长春建筑学院）	32		中南林业科技大学
11		南华大学	33		广东工业大学
12	2011	东南大学	34		沈阳工业大学
13		石家庄铁道大学	35		辽宁工程技术大学
14		长春工程学院	36		沈阳建筑大学
15		吉林建筑工程学院城建学院	37		安徽建筑大学
16		金陵科技学院	38		福建工程学院
17		山东交通学院	39	2014	华北水利水电大学
18		河南城建学院	40		华侨大学
19		西南石油大学	41		南京工程学院
20	2012	北方工业大学	42	2015	南昌工程学院
21		河北工程大学	43		河南师范大学新联学院
22		哈尔滨学院	44		贵州大学

续表

序号	年度	学 校 名 称	序号	年度	学 校 名 称
45	2016	西南交通大学	54	2016	商丘工学院
46		中国矿业大学(北京)	55		西安建筑科技大学
47		防灾科技学院	56	2017	重庆大学
48		黑龙江工程学院	57		华北科技学院
49		淮阴工学院	58		临沂大学
50		常州工学院	59		河南工程学院
51		东华理工大学	60		湖北工业大学
52		青岛工学院	61		武汉工程大学
53		中原工学院	62		武汉生物工程学院

注：本表按各院校在教育部申请专业审批或备案的通过年份进行排序。

四、结语

总体来说，我国隧道及地下工程专业的院校人才培养，随着行业的发展，在院校数量、招生规模、专业建设、师资队伍、培养质量方面，有了长足的发展，为行业发展提供了一定的人才保障。但从调研来看，隧道及地下工程领域规模增长快速，人才需求旺盛，而该领域工作条件艰苦，人才流失情况严重，导致专业教育供给目前仍显不足，不能满足行业需求。因此，调查问卷数据显示，国内隧道及地下工程专业技术人才的来源中，仅有不到20%来自隧道及地下工程专业，80%以上来自相近专业。

同时，院校专业教育中普遍存在与实践相脱节的情况，不能很好适应工程现场的需要。在教学内容方面，重理论内容的学习，轻技能的培养，毕业生专业技能相对薄弱，与工作岗位要求匹配性偏弱，适应期较长；在教学方法方面，以课堂讲授为主，与工程实际结合少，能力训练少，导致学生被动接受知识，不善于知识的运用与迁移，工程应用能力薄弱，就业后解决工程实际问题能力差；在教学环境方面，单一的校内教学环境，缺乏职业氛围营造，缺乏对工作环境与工作岗位的认识，对企业文化了解不足，导致学生就业后难以快速适应工作环境，安全意识、责任意识淡漠，在爱岗敬业、职业素养方面存在差距。

因此，在对隧道及地下工程专业技术人员的调研中发现，相当一部分技术人员不具备岗位所需的专业能力，知识面单一，从事技术岗位的核心能力不足。比如很多一线技术人员工程地质知识欠缺，甚至未学习过隧道施工、工程爆破等主干课程，很多技术人员即使隧道专业出身，对高校教学未涉及的工程技术如浅埋暗挖法、盾构施工、超前地质预报等也缺乏基本的了解与掌握。

鉴于我国隧道及地下工程建设规模大、发展快，隧道及地下工程专业的院校人才培养在数量和质量上还不能满足实际需要。如前所述，隧道及地下工程领域的技术进步和行业发展挑战也给院校的专业人才培养提出了更高的要求。深入了解院校专业教育的情况，有助于掌握一线工程技术人员的能力素养基础，也使人才培养培训和知识供给工作有的放矢；当然，这些情况也意味着，企业和知识服务机构在这方面的工作要求会很高，发展空间也会很大。

本讲参考文献

[1] 中国土木工程学会. 2018—2019 隧道及地下工程学科发展报告 [M]. 北京：中国科学技术出版社，2020.

第 5 讲
隧道及地下工程专业技术人员从业状况与知识需求分析

2016年8月至2017年7月，在协助中国土木工程学会隧道及地下工程分会开展隧道专业人才需求与水平评价研究的过程中，通过调查问卷、一线项目部座谈调研、专家访谈等方式，针对一线隧道工程师及有关技术人员的从业情况进行了调研，调研数据和反馈信息很具有代表性，在一定程度上揭示了隧道及地下工程领域专业技术人员的基本状况。具体调查分析报告见本讲附件，以下主要对其知识需求的特点、渠道、供给模式进行剖析。

一、专业技术人员的从业概况

基于问卷调查中的数据和信息分析，总体上看，该领域技术人员队伍的整体技术素养、能力与水平相较于当前大规模的工程建设需求，存在较大不足。由于建设规模庞大、作业环境艰苦、收入不高、晋升通道狭窄等方面原因，导致人员流动性较大，项目部技术人员除总工、工程部长等岗位人员具备相对较好的资历、经验和能力外，大部分为入职三五年以内的年轻工程师，普遍存在以下问题：工程经验缺乏，技术能力弱，学习和成长意愿不够强烈，处置现场技术问题的能力、水平和质量不高。就整体而言，即便已经担任工程部负责人、项目总工的人员，也缺乏较好的技术方案编制与优化能力，现场技术问题的处置大多凭借经验，以不出质量问题和安全事故为原则，综合效果未必最佳。

二、技术人员的主要知识需求特点

现场技术人员按专业分工包括施工员、质量员、安全员、材料员、试验员、资料员、造价员、测量员等，按工作层级分工包括一般技术人员、部门负责人、工区总工、项目总工等。上述人员围绕工程的实施、安全、质量、进度、造价管理等开展工作。具体到技术管理层面的工作内容，包括工程施工组织设计的编制与执行、专项技术方案制订、工序技术交底、现场技术问题处置以及资料编制等。通过工程实践积累经验是能力提升的主要方式。

调研中，现场技术人员知识需求的主要场景是为实际工作中遇到的技术问题找到解决的途径，即找到与问题有关的资料加以参考并制订解决方案。

从需求来看，他们需要的是实用施工技术——专题性的、细分的、碎片化的，但同时要有价值的、丰富的、有参考作用的。详细了解下来，围绕这一问题，大致需要：理论知识、技术方法、工程案例、计算工具、技术要点及注意事项，兼具工具性和资料性的特点。

调研中也发现，除少数如《路桥施工计算手册》《隧道工程施工要点集》等工具性、资料性、实用性的图书外，大部分专业图书对一线技术人员帮助有限，或者不能很好地契合工程技术人员及时、快捷、碎片化的知识获取需求。

三、技术人员知识获取的渠道现状

调研表明，互联网已经成为一线技术人员获取技术资料的主要方式，包括百度、筑龙、豆丁等。除少数受阅读习惯影响的年纪较大的或确需了解专家观点的工程师外，对于大多数年轻工程师来说，纸质图书是其"想不起"或"不想买"的一种次要方式，纸质图书对于解决其问题的有效性大为降低，其提供方式也愈显"笨拙"。

调研表明，我们的图书实用性差、不够碎片化、参考价值有限，获得渠道有限，不便使用，单纯的纸质图书已经不能满足工程技术人员的需要。

与此相对应，纸书销售出现大幅下滑，以关宝树教授的《隧道工程施工要点集》为例，作为一本备受读者认可的长销书，第一版在2003—2011年的8年间，销售了19000册，年销量2375册，第二版在2011—2017年的5年间，销售了7172册，年销量1434册。该例证与我们的感受基本是一致的。

当然，互联网知识的提供虽然具有信息容量大、知识呈现较为丰富和立体、即时性较好等优势，但对当前交通土建的专业人员来说，同样存在一些问题，如：现有知识呈现不够权威、不够系统，可读性也一般，技术人员与专家之间的交流不足。

四、进一步的知识需求分析

总结以上调研结果，可以认为：

（1）该领域技术人员整体水平的提升较为迫切，出版机构的选题策划和知识提供方式与实际需求之间存在较大差距，该领域的学历教育、职后教育、知识产品提供具有较大的需求空间。

（2）从工程师知识需求的规律性特点来看，工程经验是工程师最重要的知识来源，是其能力提升的重要方面。现场技术人员的工作重点是为所遇到的技术问题找到解决的途径，即找到与问题有关的资料加以参考并制订解决方案。工程师知识需求的特点是与工程问题直接相关的、专题性的、实用的，最好可以直接参照的。

（3）再进一步调研、探求工程师知识资源的来源渠道，可以发现包括四个方面：第一，向有类似经验或干过类似工程的同事请教，引申开来，即是以往的工程技术资料或工程经验；第二，百度搜索，是最简单直接的办法，对一些基本问题非常有效；第三，搜集相关图书、论文资料，学习、参考或研究确定；第四，更难一些的问题，求助业内专家。

（4）据此，为满足企业内工程技术人员的知识需求，企业需要构建、提供必要的知识资源。可以推导出，企业知识资源的构建通常包括下述四个方面：第一，企业工程技术资料的采集、管理与分享；第二，资深工程师经验的知识萃取；第三，借助外脑组建专家团队；第四，充分运用公共知识资源。

（5）从调查问卷分析报告，也可以总结出一线工程技术人员知识管理诉求：持续的系统的技术培训；内部技术技能交流；建立技术交流分享平台；设置阅览室，提供良好的学习环境；组织现场观摩学习；鼓励项目管理和工程技术总结；提供丰富的技术资料；支持内部科研创新，等等。

综上，传统出版机构面向一线技术人员的知识传播，宜尽快以合适的方式转移到互联网渠道，并找到有效的解决方案。

附件　隧道工程专业技术人员从业情况问卷调查分析报告

本次问卷调查，共收到隧道分会理事单位及个人的反馈81份。本报告系针对回收问卷，进行定性分析。

一、对从业人员基本情况的评价

问卷反馈，60%以上的被调查者认为，现有隧道及地下工程专业技术人员数量、技术能力素质、管理能力素质均不能满足当前快速发展的工程建设需要。调查显示，隧道及地下工程专业技术人员在专业技术能力、职称结构、年龄结构、人才储备等方面存在的问题集中于以下几点。

1. 人才储备不足

（1）骨干人才缺乏，有人才断档现象。中间层人数较少，不能满足隧道工程建设的需求，现场高级技术职称专业人才（30~35岁或本科毕业十年以上）严重匮乏。

（2）缺乏一线技术管理骨干人员，山岭隧道专业人才不足。

（3）由于施工作业环境差等行业原因，人才流动性较大，人才流失严重。

2. 缺乏专业教育背景

（1）本科为隧道工程专业或相关专业的人才较少，现场专业技术人员多为"半路出家"，非隧道专业科班出身。

（2）知识面单一，缺少系统的学习，未经过系统专业培训。

3. 技术能力不足

（1）现场技术人员不够了解现场施工中的施工工艺（深度不足，缺乏应变能力），不熟悉相关施工规范、施工方案，缺乏对现场施工技术的全面掌握（包括施工技术、测量、试验检测）。

（2）缺乏对现场复杂技术问题的预判及处理经验。

（3）缺乏对新理论、新技术、新工艺、新设备、新材料等相关知识的了解。

（4）不掌握质量管理的要点，缺乏质量管控意识。

4. 偏年轻化且内生成长动力不足

（1）隧道工程是经验性很强的工作，目前现场工程技术人员普遍年轻（30岁以下人员占80%以上），缺乏实践经验，缺乏"传帮带"，职称较低。

（2）普遍存在主动学习动力不足，缺乏对专业技术的渴求，缺乏探索和追根溯源的精神。

（3）责任心不够，执行能力欠缺，不善于分析与总结。

5. 综合素养亟须提升

（1）缺乏吃苦耐劳精神，动手能力不强。

（2）沟通与协调能力欠缺，团队合作能力不足，影响工作效率。

（3）对外交流和国际业务能力欠缺。

（4）缺乏创新精神和创新能力。

二、对从业人员必备能力的评价

1. 必备能力排序

问卷调查显示，隧道工程技术人员所必备的能力（按选项多少）依次为：

（1）工程现场复杂技术问题的处理能力。

（2）扎实的理论专业知识。

（3）创新与持续学习能力（新技术、新工艺、新理念的学习与应用能力）。

（4）项目管理能力。

（5）良好的沟通协调及团队合作能力。

（6）财务分析能力。

（7）其他（工程软件知识，吃苦耐劳精神，施工现场应急处理能力）。

2. 入职 3 年以内的工程技术人员或初级职称技术人员最需提升的能力

（1）能够将理论与实践很好地结合，了解现场施工工艺、工序质量管控重点。

（2）熟悉理解设计图纸，能够计算工程量，独立编制专项施工方案并组织落实。

（3）扎实的专业知识，敢管敢拼的奋斗精神。

（4）现场快速处理问题能力。

3. 一线骨干技术人员或中级、副高级职称技术人员最需提升的能力

（1）提升理论知识，如地质、机械（盾构工作原理）、岩体力学、材料、爆破等。

（2）深入掌握设计意图，掌握相关工程软件。

（3）施工组织能力，编制完善的施工组织方案并组织实施，重难点工程的施工分析能力和专项方案编制能力。

（4）项目管理能力，现场施工中的风险源识别能力，质量、安全的把控能力。

（5）与参建各方的协调能力。

（6）一专多能，善于钻研、创新，发掘新工艺、工法和设备。

4. 项目负责人以及正高级职称技术人员最需提升的能力

（1）专业理论与工程实践有机结合。

（2）项目管理能力，与时俱进的管理理念。

（3）施工组织方案的优化能力，整体预控能力。

（4）技术研究能力，处理特殊、复杂问题的能力。

（5）对创新工艺、工法的选择能力。

（6）项目成本精细化管理及财务分析能力。

（7）风险防控能力。

三、对提升从业人员专业素养的建议

对于解决当前我国隧道及地下工程专业技术人员所存在的不足和问题，提升其总体技术水平和能力，问卷中给出了许多中肯有益的建议，总结如下。

1. 强化技术培训

（1）组织专家授课的专业技术培训和岗位培训，加强日常工作中的技术培训和实践技能交流。

（2）改进入职培训方式，优化新员工的培养方法，持续加强专业技术学习，实行人性化教学方式，注重专业的系统培训。

（3）建立技术交流分享平台，如典型隧道工程的技术交流平台，分享施工技术，学习国外隧道及地下工程先进技术，加大对先进施工技术的推广力度，巩固已成熟技术，淘汰重污染等工艺。

（4）做好梯队建设：在优秀中青年专家中培养选拔隧道技术领军人才，设置专家库及中青年专家人才库，培养一批具有较高专业水准的技师、工匠。

（5）持续动态改进人才培训机制，做好前沿技术研发与储备，做好高素质人才的继续教育工作，拓宽人才学习和晋升通道。

（6）充分发挥行业学会的教育培训作用。

（7）行业学会要有资料（如新技术标准、重大典型工程、隧道统计年鉴、隧道新技术新发展、事故工程的技术总结、国际先进技术及工程案例等）整理颁布功能。

2. 提供学习环境，促进内部交流

（1）项目部设置阅读室，配置专业书籍。

（2）现场配备充足的技术人员，给予一定的独立学习时间，撰写论文，组织技能竞赛，鼓励参加注册类考试。

（3）组织专业人员的交流宣讲等内部交流，提升综合业务水平。

（4）及时发布更新最新规范以及行业的相关资讯。

（5）组织优秀项目的工程现场观摩学习。

3. 重视实践

（1）从基层做起，兼顾内业与外业。

（2）善于分析总结，每个工程完成后，总结、提炼符合规范和企业要求的作业指导书，进一步规范指导施工行为。

（3）从在建工程中设置试点，鼓励创新，就项目管理、新技术应用等进行针对性的总结，进而培养高素质综合型人才。

（4）针对现场应急处治能力不足，建议以实际案例和经验编制应急培训教材。

（5）善用工具，推进机械化作业和信息化管理，改善作业环境。

（6）紧密拥抱互联网，学习专业化软件工具，充分利用各种平台提升工作技能与效率。

4. 强化团队建设

（1）重视企业文化，为员工创造良好的工作和学习环境，培育团队精神。

（2）提高福利待遇，提升社会认可度，加强人才的企业归属感。

（3）合理的工作强度和薪酬待遇，避免常年无休。

（4）项目部内部营造良好学习氛围，组织技术宣讲或技能竞赛等，提升技术人员工作积极性。

（5）建立合理的奖励机制，对有创新、敢拼搏的技术人员（专业带头人）进行奖励，给予更有挑战的平台或岗位。

（6）营造适合员工提升的外部环境：项目部敢于放权给技术人员；项

目提供科研经费，支持新工艺新工法的研究；加强新入职员工的心理教育和疏导。

5. 强化学校教育

（1）着力发展高等院校隧道和地下工程专业建设，强化人才的教育和培养。

（2）加强高校素质教育，重视学生动手能力提升。

四、对从业人员专业技术水平评价的反馈

1. 评价要素

对于隧道工程师专业技术水平进行客观评价，问卷中普遍认可以下评价要素：

（1）具备扎实的、全面的专业知识并能够灵活应用，熟悉工程每一工序的工艺流程、技术要求，对问题有深入、精细的认识，较强的问题处理能力。

（2）掌握隧道技术的发展趋势和最新动态，并能消化吸收，对已有技术进行优化。

（3）熟悉技术标准、规范、规程，了解国家相关的法律法规、技术政策。

（4）具备施工组织能力，全面的安全管理和成本控制知识。

（5）具备科学的管理能力：乐观向上的工作态度，良好的团队合作和组织协调能力，勤于和现场技术人员交流，善于培育人才；工作有魄力，处事果断。

（6）持续学习与创新能力，勇于探索；较强的实践能力和动手能力。

（7）国际化视野，外语运用能力，及时跟进国际领先技术。

2. 对从业人员进行技术水平评价的建议

创新职称评审体系，建议以专业考核作为评价专业水平的依据，体

现工程问题解决能力，建立考核及定职标准，一些专家给出了具体的评价办法：

方法一：综合测评。考察所学专业及从事本专业技术工作年限、职务，以及工作业绩及突出贡献，解决处理技术问题情况；考察技术创新、创效情况以及相应科研成果；考察学习及新技术的推广应用情况，考察组织实施重大工程的能力。

方法二：基于后评价机制的考评。

（1）对隧道工程师参与的隧道工程进行运营 5 年后的后评价，根据隧道的运营效果和质量评估评价其专业技术水平；对于隧道专家参与审查的技术方案，要根据建成 5 年的后评价结论结合工程决算评价隧道专家的水平，并评估隧道工程师的水平。

（2）每个工程进行工程总结，隧道工程师按自己在工程中所从事的岗位进行总结，根据总结报告评价工程师的专业技术水平。

（3）施工现场评估，根据施工的进展和难易程度评价设计工程师的隧道工程设计专业水平是否有利于施工和经济合理，评价施工工程师的现场技术处理能力和解决问题的能力。

（4）技术演讲和交流，隧道工程师对从事的隧道工程进行技术报告演讲并当场提问交流，评估隧道工程师的综合技术水平。

本次问卷调查的结果，对于当前隧道及地下工程行业从业人员状况的评价，具有重要意义。问卷反馈获得了很多第一手的、有益的信息，既为企业管理者提供了重要借鉴，也是知识服务的需求分析和产品开发的重要基础。

第6讲

隧道工程技术人员的核心能力

隧道及地下工程专业技术人才的能力形成是一个动态、跨界和长期的过程。一般来讲，其形成过程主要分为两个阶段：第一阶段是大学的工程教育，获得相应的学历；第二阶段则是大学毕业后在工作环境中的持续提升，成长为独当一面的工程师乃至行业专家。德鲁克在《世纪的管理挑战》中指出，提升体力劳动者的生产率，靠科学管理，提升知识工作者的生产率，靠持续不断的学习以及持续不断的教导。

基于前文的探讨，为更全面表述隧道工程师的基本能力和素养，本文借鉴其他国家关于土木工程师评价的有关资料，编制了隧道工程技术人员核心能力提升的影响因素量表、隧道工程技术人员的核心能力框架、隧道工程师专业能力标准。

一、隧道工程技术人员核心能力提升的影响因素量表

隧道及地下工程专业技术人才分布于铁路、公路、水利、水电、市政、人防、煤矿、石化等行业，与同属土木建筑工程的桥梁、道路、岩土、房屋建筑等地面设施相比，隧道及地下工程建设有其独特的方面。在研究中，发现业内尚无对隧道工程技术人员核心能力及专业技术水平评价的概念界定和框架。我国的土木工程界对工程技术人员核心能力的研究相

对粗放，尚未形成对隧道甚至土木工程技术人员核心能力的精准表述。

针对当前从业人员核心能力与行业需求之间的巨大差异，遵循因变量遴选的系统性、可操作性、有效性等原则，基于目前的行业背景和工程教育现状，深入探讨隧道专业技术人员核心能力提升的关键影响因素。在具体操作中，首先基于文献和前期的研究，遴选反映我国高等工程教育研究最新成果的期刊《高等工程教育研究》、国外工程教育的著名期刊美国《工程教育杂志》（Journal of Engineering Education）以及美国工程院（NAE）、英国皇家工程院（RAE）在近年来发表的重要报告进行相关主题的检索，提炼了四个影响工程技术人员核心能力的维度，即大学维度、企业维度、个人维度和社会培训机构维度，并且针对这四个维度的区分，对隧道及地下工程领域的数位工程教育专家和企业技术管理人员进行访谈，然后通过内容分析法，提取影响核心能力构建的影响因素类目，建立了隧道工程技术人员核心能力提升的影响因素量表。

二、隧道工程技术人员的核心能力框架

在全面归纳、整理国外成果的基础上，结合我国的国情，综合企业的需求和隧道工程师成长的环境，提出我国隧道及地下工程技术人员核心能力框架，分为以下五个维度：

- 工程设计能力
- 工程应用能力
- 工程操作能力
- 工程商务能力
- 工程沟通能力

本项工作旨在为隧道工程技术人才的水平评价体系构建奠定基础，同时，也是后续知识服务工作的重要基础。

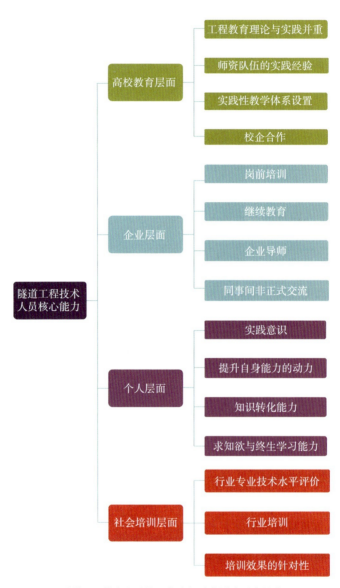

隧道工程技术人员核心能力提升的影响因素量表

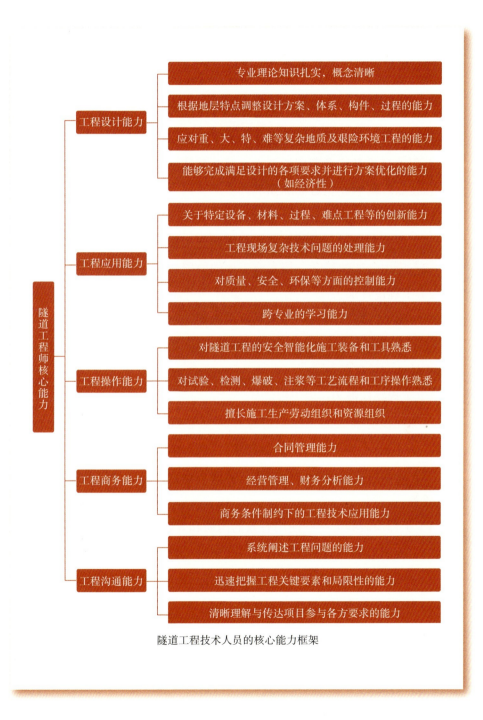

隧道工程技术人员的核心能力框架

三、隧道工程师专业能力标准

1. 初级隧道工程师的专业能力标准

初级隧道工程师是将已有的技术和工艺应用于工程问题的解决，具备协助工程项目或者技术管理的能力，并在其技术领域内展现自身创造性的资质和技能。其专业能力标准如下：

1）工程应用能力——懂得技术和实践技能的运用

（1）评价和选择合适的技术、程序和方法来承担任务。

（2）应用合适的科学、技术或工程的原理。

2）工程设计能力

（1）确认问题，能找到原因并给出达到理想效果的解决方案。

（2）在考虑成本、质量、安全和环保的背景下，确认、组织并使用资源来有效地完成任务。

3）工程操作能力

（1）在没有监管的条件下可靠并高效地工作，遵循某些合适的实践法规。

（2）为自己或他人的工作承担应负的责任；接受、分配并监管技术和其他任务。

4）工程沟通能力——使用有效的沟通和人际技能

（1）使用口头、书面或者电子形式来进行技术或其他信息的沟通。

（2）团队协作，与同事、客户、供应商等一起有效地工作。

5）工程商务能力

（1）遵守行业或者所在企业的行为规则。

（2）遵循绿色、安全、智能等理念，灵活运用并指导改进相关技术工作。

（3）职业发展的可持续性，积极参加培训等继续教育提升实践能力，以达到未来所要求的专业水平。

2. 中级隧道工程师的专业能力标准

中级隧道工程师是行业的中坚力量，承担工程设计、建造和运营维护的工作。其专业技术标准如下：

1）工程应用能力

将综合或者专门的工程知识和思维能力应用于现有和新兴的技术之中。

（1）维持并拓展健全的理论方法，将其应用于工程实践的技术中。包括能够：认识到自身知识和技能的局限性；努力拓展自身的技术能力；通过新的技术来拓宽和加深自己的知识基础。

（2）使用健全的求证方法来解决问题，并致力于可持续发展。包括能够：使用先进技术来促进和提高工程方案的有效性；致力于使工程方案持续优化；在工程任务中应用自身的知识和经验来调查和解决问题。

2）工程设计能力

应用合适的理论和实践方法来设计、建造工程。

（1）确认、评价和选择合适的工程技术方案。包括能够：对技术评价的结论加以取舍；使用来自最佳实践的数据来评价工程方案优化的可能性；确定方案的工程措施与工艺要求。

（2）致力于工程问题的设计和解决方案提供。包括能够：致力于工程设计的规范化；识别潜在的工程风险，并在成本、质量、安全、可靠性、外观、可操作性和环境影响的约束条件下评估可能的工程解决方案；优化工程解决方案。

（3）设计解决方案并对其评估。包括能够：稳妥考虑实施所需的资源和必要条件；在考虑到一些决定性限制条件的情况下实施设计方案；在实施和纠错过程中确认问题所在；评估设计方案；提出优化的建议，并积极地从结果的反馈中学习。

3）工程商务能力

（1）有效的规划项目实施。包括能够：确认影响项目实施的因素；编制施工组织计划并予以实施及优化；组织项目所需人员及相关资源；与其他利益相关者的合同谈判与签署。

（2）管理任务的计划、预算和组织、人员和资源。包括能够：操作合适的管理系统；工作达到质量标准，以及法规、规范条件下的程序和预算；管理工作团队，协调项目活动；确认质量标准的变更、程序和预算，并能采取纠错行动；评价绩效并推荐改进措施。

（3）团队管理并激发员工的潜能来满足不断变化的技术和管理需要。包括能够：与团队和其他个人一起商议并确定项目目标和工作计划；确认团队和个人的需求，并为他们的发展制订计划；管理并支持团队和个人发展；评估团队和个人绩效，并提供反馈。

（4）通过管理持续改进质量。包括能够：确保同事和团队成员都能应用质量管理原则；管理为保障质量标准所进行的操作；评估项目并为进一步改进提出建议。

4）工程沟通能力

（1）良好的沟通交流能力。包括能够：主持并记录会议和讨论；为技术问题准备证明、文件和报告；与从事技术或非技术的同事一起交流信息并提供建议。

（2）陈述和讨论议案。包括能够：准备并做出合适的陈述；与听众一起进行探讨；反馈结果并改进议案。

（3）证明自己的个人和社会技能。包括能够：知道并管理自己的情绪、力量和弱点；能够感知他人的需要和顾虑；有信心并灵活处理新的和变化中的人际关系；确认、认同集体目标，并向着目标努力工作；创造、维持和改进工作关系，解决纷争。

5）工程操作能力：明确对社会、职业和环境的义务

（1）遵守相关行为准则。包括能够：遵守所在专业团体的职业行为准则；在立法和其他规章制度框架下管理自己的工作。

（2）管理和应用工作中的安全体系。包括能够：确认自己及团队在健康、安全和社会保障方面的义务，并为自己的义务承担责任；开发和执行合适的风险和应急管理体系；管理、评估和改进这些体系。

（3）采取可持续发展的方法来进行工程活动。包括能够：在考虑到工程活动产生的环境、社会和经济后果的同时负责任地开展工程活动；理解并支持利益相关者在可持续发展方面的努力。

（4）在自己的专业领域内采取维持和提高能力所需的持续性职业发展策略。

3. 高级隧道工程师的专业能力标准

高级隧道工程师的特点就是其运用自己的能力，使用新的或者已有的技术，通过创新、创造和变革找到解决工程问题的合适方法。他们将广泛承担技术和商务方面的领导工作，拥有有效的人际技能。其专业技术能力标准如下：

1）工程应用能力

（1）集成应用综合或者专门的工程知识和思维能力，使目前已有的和新型的技术应用达到最优。

（2）维持和拓展健全的理论方法来引进和开拓高新技术，专注于创造和创新性的工程技术开发和持续改进。

2）工程设计能力

（1）确认可能的项目和机会。包括能够：为了新的机会在自己的责任范围中开拓创新；评估改进工程设计、施工方案。

（2）主导适当的研究工作，并承担工程方案的设计和编制。包括能够：

确认并认同合适的研究方法；汇集必要的资源；实施必要的测试；搜集、分析并评估有关数据；在考虑到成本、质量、安全、可靠性、外观、可操作性和环境影响的条件下，起草、陈述和认同推荐的设计意见；承担工程设计任务。

（3）实施设计方案，并评估其有效性。

3）工程商务能力

（1）有计划高效率的推动项目实施。

（2）管理任务的规划、预算和组织，合理配置资源。

（3）良好的团队协作和管理能力。

（4）方案优化能力。

4）工程沟通能力

（1）良好的协调沟通能力。

（2）陈述和讨论各类方案。包括能够：准备并做出合适的陈述；与听众一起进行探讨并主导其走向；反馈结果并改进方案。

（3）较高的情商。包括能够：知道并管理自己的情绪和弱点；能够感知他人的需要和顾虑；有信心并灵活处理新的和变化中的人际关系；确认、认同集体目标，并向着目标努力工作；创造、维持和改进工作关系，解决纷争。

5）工程操作能力

（1）遵守相关行为准则。

（2）具备工程安全和个人安全意识。

（3）具备可持续发展的理念。包括能够：在考虑到工程活动产生的环境、社会和经济后果的同时负责任地开展工程活动；基于扎实的专业素养，充分运用想象力、创造力和创新能力，提供可维持或改善环境与社区质量的产品、服务，并达到财务的目标；理解并支持利益相关者在可持续发展方面的努力。

（4）采取维持和提高专业能力所需的持续性职业发展策略。

本讲参考文献

[1] 孔寒冰，邱秧琼. 工程师资历框架与能力标准探索 [J]. 高等工程教育研究，2010，09（6）.

[2] 鲁正，刘传名，武贵. 英国高等工程教育及启示 [J]. 高等建筑教育，2016（25）.

[3] 蒋石梅，王沛民. 英国工程理事会：工程教育改革的发动机 [J]. 高等工程教育研究，2007（01）.

[4] 刘征鹏. 英国建筑学学科、学位及其职业教育概述 [J]. 高等建筑教育，2014（23）.

[5] 建设部人事教育司. 英国土木工程师职业资格的取得 [J]. 建筑经济，2001，1.

[6] 李国强，许炎彬. 法国与中国工程教育之比较 [J]. 高等工程教育，2016，04（25）.

[7] 李茂国. 中国工程教育全球战略研究 [J]. 高等工程教育研究，2008，07（8）.

第 7 讲

知识与知识管理

研究知识管理，我是外行，因此很多看法、观点和认识，参考借鉴相关著作居多。而基于交通工程建设企业的知识需求，提供知识服务，开展知识管理，又确有必要了解知识管理的基本知识。因此本讲摘录若干知识管理专家的观点，以承文《创新型企业知识管理》（2015年版）为主，其他文献为辅，供大家了解知识管理的基本概念。

对于交通工程建设企业而言，推进企业的知识萃取和知识挖掘，提升整体技术运用水平，实现企业的知识管理，建立企业层级的工程技术发展运用平台，是企业核心竞争力建设的重要支撑性工作。

一、知识与知识资源

1. 知识的概念及其分类

一直以来，关于知识并没有一个确切的定义，不同的研究成果有不同的描述。

- 知识是人类认识的成果和结晶，包括经验知识和理论知识。
- 知识是一种包含了结构化的经验、价值观、关联信息以及专家见解等要素流的动态混合物。在组织内，知识不仅存在于文档和数据库中，而且嵌入在组织的日常工作、过程、实践和规范中。

- 知识是经过人的思维整理过的信息、数据、形象、意象、价值标准以及社会的其他符号化产物。通常包括：科学技术知识，人文社会科学知识，商业活动、日常生活和工作中的经验和知识，以及知识的知识，解决问题的知识。

按照经济合作与发展组织（OECD）《以知识为基础的经济》一书的观点，知识又分为事实知识、原理知识、技能知识、人际知识。

为便于厘清纷繁复杂的知识类型，本讲从三个维度对知识的分类进行阐述。

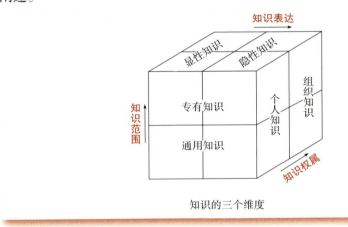

知识的三个维度

（1）第一个维度是知识的范围，包括通用知识和专有知识。通用知识，通常具有很强的综合性，可以充分公开共享，比如科学知识、事实知识、原理知识；专有知识，则具有高度的个性，难以编码和度量，属于企业深藏的知识，内含于个人和组织中，是企业的核心知识和关键知识，专业性强，不能自由传递，如专业技术知识。

（2）从知识表达的维度，知识被分成隐性知识和显性知识。隐性知识，高度个性化，只可意会，难以形式化、记录、编码或表述，是知识中"识"的部分，如直觉、经验、判断、信仰等等，是个人或组织经过长期积累而拥有的知识；显性知识，是指可以用文字、数字、图形或其他象形物清楚表达出来的知识，是知识中"知"的部分，如著作、文稿、知识库。

知识管理中的一个重要观点就是隐性知识比显性知识更完善、更能创造价值，因此隐性知识的挖掘和利用能力，将成为个人和组织成功的关键。

（3）从知识权属维度看，知识分为个人知识和组织知识。个人知识，是指员工自己的知识，比如工程经验；组织知识，是内含于组织实体系统中的知识。

专业技术知识是交通工程建设企业的核心知识资源，包括隐性知识和显性知识、个人知识和组织知识，"隐性知识显性化，个人知识组织化"，是企业知识管理的重要工作。

2. 知识资源的概念及构成

对企业而言，知识资源主要是指其拥有和可以反复利用的、建立在知识基础之上的、可以给企业带来财富增长的一类资源的总称。它是员工个人知识和企业组织"记忆"的综合，不但存在于文件、资料、计算机程序和档案等之中，还存在于员工头脑、实践、惯例以及规范等之中。其主要由三类资源构成。

知识资源		
智力资源	信息资源	企业创造和拥有的无形资产
企业所能够利用的存在于企业内部员工和企业外部人力资源中的各类知识和创造性地运用这些知识研究和解决问题的能力。这些知识和能力主要包括各种常识性的知识、技术专长以及领导能力、决策能力、管理能力、创新能力等等。	企业通过信息网络所能收集到的与企业生产经营活动相关的各种信息。如国家及企业所在地区的有关经济政策信息、市场需求信息、原材料价格信息、客户的反馈信息、本行业及相关行业的产品信息、与本企业有关的最新科技信息等等。	包括市场资产、知识产权资产和组织管理资产。**市场资产**指企业创造和拥有的与市场有关的、能给企业带来可能的竞争优势和利益的无形资产的总和，如企业的品牌、信誉、与顾客和合作伙伴的良好关系、销售渠道、特许经营权等等。**知识产权资产**指企业创造和拥有的以智力劳动的成果为形式的无形资产的总和，如企业的专利、版权、技术诀窍、商业秘密等等。**组织管理资产**指企业创造和拥有的能够使企业正常运转且稳定、秩序、高效的企业无形资产的总和，如企业的技术流程、业务流程、管理流程、企业文化、管理模式与方法、信息网络等等。

此外，企业的知识资源按其属性和获取、传递的难易程度，也可划分为"显性知识资源"和"隐性知识资源"。

通过这些表述，我们大致可以知晓，在企业内，什么是知识，它的存在形态、类型以及赋存对象。对于交通工程建设企业而言，涉及科学知识、技术知识、管理知识和商业知识，既有个体的，也有组织的，而技术知识是其核心知识资源，也是知识管理工作的核心。

二、关于知识创新

知识创新是指通过科学技术研究发现、发明新的知识，应用到生产中，并通过市场营销实现知识增值，是发现、发明各种新知识并转化为商业化生产与服务的过程。在知识经济增长中，知识是内在要素，创新是核心要素，知识创新将知识管理与创新管理融为一体；知识创新并不是简单地指"创造新知识"，而是具有特定的经济学范畴，既包括创造新知识，又包括创造新价值。技术创新是知识创新的重要方面，企业知识创新直接表现为技术上取得领先地位与经济上获得超额利润有效结合在一起。企业知识是企业最重要的资源和生产要素，企业知识创新可以在研发、生产、经营、管理等任何阶段发生，包括技术知识创新、管理知识创新和商业模式创新等；企业是知识创新的主体。

对于交通工程建设企业而言，创新发展是其可持续发展的基础，而企业创新发展的核心是知识创新。

三、知识管理的概念、内涵和意义

知识管理（Knowledge Management）实际上就是对知识资源的管理。它是以提高企业竞争力为目的，对组织内部的知识进行挖掘、组织、编码、传播、共享、应用等管理活动。它包括两方面的内容：一是对显性知识的管理，由于显性知识是信息的深加工产物，所以这一部分可以看作是信息资源管理的深化与发展；二是对隐性知识的开发与管理，由于隐性知识不是编码化的，而是作为认知过程存在于人脑中，因而可以看作是对"人"的管理。具体而言：

（1）知识管理是一项技术实践活动，它以提高决策质量为目的，协助在整个组织范围内提高知识创新和交流效率。知识管理帮助人们对拥有的知识进行反思，帮助和发展支持人们进行知识交流的技术和企业内部结构，并帮助人们获得知识来源，促进他们之间进行知识的交流。

（2）知识管理是以知识为核心的管理，它是通过确认和有效利用已有的和新获取的知识，并通过对各种知识的连续性管理，提高企业的创新能力和创造价值的能力，以满足企业现有和未来开拓市场机会的需要的一种过程。知识管理是企业在面临一种新的形势下做出的战略性反应，就是运用集体的智慧提高应变能力和创新能力，是为企业实现显性知识和隐性知识共享提供的新途径。

（3）知识管理就是企业对其所拥有的知识资源进行管理的过程，通过识别、获取、开发、分解、存储、传递知识，使每个员工在最大限度地贡献出其所积累的知识的同时也能享用他人的知识。知识管理的最终目的是促进知识有序流动和传播，达到知识共享，为社会创造出价值。

承文综合上述观点认为，知识管理是对知识、知识活动，以及与知识有关的各种资源和无形资产进行规划和管理的过程，是以知识创新为主导，将信息处理能力与人的创新能力相结合，运用知识对组织进行管理并提高适应能力和提升价值的过程。

从上述定义出发，知识管理的基本内涵包括：

（1）知识管理的目的应与企业的目标一致，即创造价值。

（2）知识管理是一个动态的过程，即知识获取、知识存储、知识传递和知识利用的不断重复。

（3）知识管理涉及企业的各种业务活动，需要采取各种有效的手段，如企业内部技术研发、外部知识资源获取、人员技术培训、代表企业水平的技术手册开发、制度化保障等等。

（4）知识管理不仅涉及企业范围内的知识，还注重外部的与企业的各种活动有关的知识。

知识管理意义重大，与工业经济时代明显不同，知识日益成为企业最具价值的资源，企业竞争的本质变成基于知识的竞争，竞争优势来自对知识资源的有效开发和科学管理。知识管理作为培育企业核心竞争力的主要管理思想与方法越来越受到学术界及企业界的高度关注。知识成为创新型企业最核心的生产要素和分配要素，技术人才、技能人才、管理人才等知识型员工成为创新型企业最重要的资源。知识的创造能力、共享水平以及各类型智力成果、科技成果成为创新型企业核心能力的标志。知识管理成为创新型企业适应时代发展要求的新型管理模式，以创新驱动发展，知识引领未来。

知识管理是解决目前企业存在如下问题的有效手段：企业缺少内生创新活力，协同开展知识创造的能力不强；技术开发、生产制造和经营管理中的大量宝贵知识仍存留在技术人员的头脑中和个人手中，人员流动往往意味着知识的必然流失；影响企业竞争能力的常见性、共性问题在不同领域反复出现；以及其他相关问题。

四、知识管理的特征和体系

综合知识管理方面的研究成果，可以知道企业知识管理具有六个方面的特征。

知识管理特征

关于知识管理体系,在此从知识管理的内容角度和知识管理的业务角度作一简图,供大家参考。

知识管理体系

五、交通建设企业开展知识管理的重点工作与目标

从隧道及地下工程领域的发展状况和发展趋势来看，中国正从工程技术大国向工程技术强国迈进，企业正从粗放式发展向内涵式发展转变，以技术引领发展，塑造企业核心技术竞争力和影响力，加强软实力建设，正在成为共识。

综合该领域从业人员的知识需求以及知识管理的学科特点，作者认为，目前交通工程建设企业开展知识管理应关注以下六个方面重点工作：

（1）以有效的制度化手段开展知识萃取和知识挖掘，实现隐性知识显性化，个人知识组织化。比如基于个人的工艺工法创新案例、工程实践经验总结、技术发明和创造、内训课程资料以及有组织的企业基础性技术资料编制、科技成果总结与出版，等等。

（2）以有效的制度化手段全面开展基于项目的企业核心技术资料、技术成果的采集、总结与归口管理，构建"企业工程技术资料库"，建设企业工程技术（资料）集输用体系，实现有效的知识综合管理和运用。比如汇聚工程项目施工组织设计、专项技术方案、专利、工法等各类资料库。

（3）充分集聚外部公共知识资源，作为企业知识供给的重要组成部分，包括图书资源、期刊论文资源、标准规范、工法以及各种知识库资源，也包括同行企业的工程技术资料。

（4）开展企业专家咨询团队建设，助力一线工程项目建设。充分运用行业专家的经验和能力，组建开放式的专家团队，并建立专家与一线项目部的有效沟通渠道，提供在线沟通、咨询平台，提高咨询效率。

（5）高度重视并系统加强工程技术人员的培养培训，培养专家型核心骨干人才，系统规划线上线下、课堂现场、动画视频等多方式相结合的培训资源体系，开发全方位、多层次、立体化的培训课程体系，构建有深度、有温度、高效便捷的培训考核体系，谋求最好的培训效率和效果。

（6）建立有效的企业知识管理体系，建设高水平的企业知识管理平台，推进知识创新，提供知识来源，促进知识交流，构建企业技术发展运用平台，提升企业整体技术运用水平，进而提高工程项目建设的效率和效益。

作者认为，目前交通工程建设企业开展知识管理的目标是打造"5+3平台"，即基于5个基础知识管理模块，打造3个企业级知识管理平台。

本讲参考文献

[1] 承文.创新型企业知识管理[M].北京：机械工业出版社，2015.

[2] 王雪原，董媛媛，徐岸峰.知识管理[M].北京：化学工业出版社，2015.

[3] 阿肖克·贾夏帕拉.知识管理：一种集成方法[M].安小米，等译.北京：中国人民大学出版社，2013.

[4] 刘璇，张朋柱.知识管理在科研网络及企业中的应用研究[M].上海：上海交通大学出版社，2015.

第 8 讲
科技出版的价值与职责

本书所述科技出版，亦或学术出版，是相对于文学作品、通俗读物、少儿读物而言。

科技出版范围很广——既可以整理历史经典学术之作以飨后人，也可以翻译外文经典学术精品以联中西。最常见的是，同时代专家学者的精品佳作：或填补了某一领域的空白，或对某一专业领域的系统化凝练，或体现了最先进的技术创新与应用成果，……代表了某一领域、某一技术、某一方法的最高水平，科技出版需遵循相应的出版规律，尤其应遵循科技图书、学术著作在内容处理上的要求及成果形式上的规范。既要着眼于学术前沿、聚焦创新点等主线，系统性、理论性、思想性俱佳，又要有充足的数据、沿革（综述）或现实依据予以支撑，有契合学科体系的框架结构，精确统一的概念术语，有前因后果的交代、清晰透彻的论述、凝练准确的知识表达，符合相关学科研究或技术发展的规律特点。

科技出版是对高质量核心技术研究成果的选择，也是学术共享、承继研究活动、发挥成果作用的最佳途径。

在这一讲，简要介绍什么是出版，科技出版的价值是什么，并且重申一下出版机构的职责所在，这也有助于解答非编辑出版方面的读者的一些困惑，有助于大家接下来理解推进科技成果总结与出版工作的意义以及各方在其中的站位。

一、出版

出版或称发表，是指将作品通过任何方式公之于众的一种行为。作品获得国际标准书号并经过一定资质的出版机构印刷成书籍称为出版物，出版物内容以数码形式呈现的称为电子出版物或电子书。

出版是人类社会的经济、政治、文化发展到一定阶段的产物。出版物凝结着人类的思想和智慧，集聚了科学技术的发明创造和社会实践活动的经验与成果，反映了社会生活的各个侧面。出版的历史是人类文明的历史。出版业的发展对社会的进步发展有着极其重要的作用。

出版对于社会的推动作用，归根结底在于出版物积累了人类的科学技术知识和先进的思想，并且加以扩大传播，影响人们的观念，指导人们的活动，促进社会生产力发展。

二、标志性出版物

标志性出版物，指的是能够代表行业、学科或技术领域在某一时期或阶段发展最高水平或对其发展起到重要推动作用的出版物。

在此，以隧道与地下工程领域的几本著作为例。

西南交通大学关宝树教授所著《隧道工程施工要点集》，2002年约稿，2003年出版。关教授是隧道界的泰斗，倾其所学，深入阐述了当时国内外最新的技术方法、工艺措施，内容实用、新颖，写作水平很高。出版之时，恰逢隧道及地下工程领域蓬勃发展的早期，国内隧道施工技术力量尚在发展过程中，整体水平较低，隧道技术图书较为缺乏。因此本书一经出版即大受欢迎，成为隧道施工必备、几乎人手一册的案头工具书，对于推动隧道施工技术的发展起到了重要的推广普及作用，累计销量高达30000余册。这是一部名副其实的标志性出版物。说起来这也是我入行初始策划组稿的第一本书，对于我的编辑职业生涯，也具有重要意义。

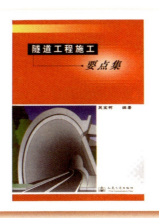

2018年出版的《隧道设计理论与方法》，也是一部标志性出版物。隧道技术的发展首先在设计，设计是技术进步的龙头，因此换个角度说隧道技术的前沿掌握在设计院手里，也不为过。而且广大隧道设计人员，也是一个重要的读者群体，让他们树立一个正确的设计思想，全面了解国内外有关隧道设计的理论和方法，掌握隧道相关技术的最新发展和应用工程实例，为可能遇到的相关技术难题提供参考，提升其整体水平，也非常重要。

为此，我们策划本选题，由时任中国国家铁路集团有限公司（原中国铁路总公司）工程设计鉴定中心桥隧处赵勇处长，组织铁路领域七家设计院以及相关科研机构、高等院校，共同写作本书。因此这本书的作者，均

是从事隧道设计和研究的一线人员，具有丰富的理论水平和设计经验，每一讲的执笔人都是在该领域或对该项技术具有深入研究的权威专家，确保了本书的水平和质量。可以说，这本书总结了近几年我国隧道工程领域的技术进步和发展成果，代表了当前阶段的整体技术水平，对于广大设计人员以及工程技术人员，具有重要的借鉴意义。

王梦恕院士依托大瑶山隧道修建所著《大瑶山隧道——20世纪隧道修建新技术》，标志着我国隧道和地下工程施工技术进入到一个新阶段，被誉为我国隧道建设史上的"第三个里程碑"；浅埋暗挖法是在距离地表较近的地下进行各种类型地下洞室暗挖施工的一种方法，继1984年王梦恕院士在军都山隧道黄土段试验成功的基础上，又于1986年在具有开拓性、风险性、复杂性的北京复兴门地铁折返线工程中应用，在拆迁少、不扰民、不破坏环境下获得成功，创造了小导管超前支护技术、"8"字形网构钢拱架设计与制造技术、正台阶环形开挖留核心土施工技术以及变位进行反分析计算的方法，提出了"管超前、严注浆、短开挖、强支护、快封闭、勤量测"18字方针，突出时空效应对防塌的重要作用，由此形成了浅埋暗挖法，创立了适用于软弱地层的地下工程设计、施工方法，《地下工程浅埋暗挖技术通论》是对这一技术方法的系统论述；而《中国隧道及地下工程修建技术》则是对过去一段时期我国隧道工程修建技术的系统梳理和总结，代表了这一时期的最新技术进展和技术应用水平。

另外，还有孙钧院士团队所著的《隧道结构设计关键技术研究与应用》、洪开荣总工等编著的《盾构及掘进关键技术》，依托港珠澳大桥建设所著"港珠澳大桥跨海集群工程建设关键技术与创新成果书系"在内，都称得上为"标志性出版物"。

三、科技出版的价值

科技出版对于行业或专业领域来说，有两个重要的价值，一是传播，二是记录。

通过出版，将优秀的机构和专家的知识、观点、经验向全行业或专业领域传播，供其从业人员了解、学习、借鉴、参考。传播，通常由高水平向低水平、由专家学者向一般工程技术人员、由经验丰富的工程师向经验不足的工程师进行，进而推动行业整体技术水平的不断提升。因此，出版的本质是知识的流动。

出版具有文献记录的功能，行业或专业领域的科技发展是在不断知识积累的基础上实现的，从不同时期的不同科技出版物中均可找到某一领域学术进步、发展、飞跃的过程。自古典文献记载事物以来，科学技术才有了日新月异的发展。科技出版的记录功能对人类文化的积累、传播、共享具有重要价值。

科技出版为学术成果共享提供了可能。一本图书的价格只有几十、上百元，但其所传播的知识的价值却远不止于此。科技图书的销量虽然有限，但其知识运用所产生的经济效益却可达数十、数百甚至数千万。当人们立于巨人之肩时，已分享了巨人深邃的思想、精湛的学艺、有效的方法，因此，著述、出版是具有极大的社会价值的，每位著作者其实都在不知不觉中推动了行业和社会的发展，体现在推动观念改变、学术进步、社会变革等多方面。

四、科技出版的职责

坚持价值出版理念，为行业读者和用户提供优质知识和信息服务、生活服务、精神服务，以科技出版和文化传播推动行业进步与发展，这是科技出版以及科技出版机构的职责核心。具体到隧道及地下工程领域的出版工作，作为出版人或出版机构，就是全力推进本领域的科技成果（亦即知识）的总结、集聚、生产与传播，进而推动行业技术进步和发展。当然，这既是我们的工作，也是我们担负的社会责任。

出版机构要坚持价值出版理念，始终把社会效益放在首位，实现社会效益和经济效益的高度统一和最大化，以科技出版和文化传播推动行业进步与发展。出版机构只有为用户创造价值，才能体现出版企业自身的价值。出版是影响力经济，只有坚持价值出版理念，提高产品精神内涵，才能打造良好的出版品牌，提升出版企业的影响力。通过不断提升社会效益进而带动经济效益的提升，实现社会效益和经济效益相统一。

当然，出版工作的重中之重，是要始终坚持正确的政治方向和出版导向，落实好意识形态工作责任制，这是出版工作的首要前提。出版是维护意识形态安全的前沿阵地，坚持正确方向既是生命线也是安全线，落实意识形态工作责任制既是工作职责也是纪律要求。当前，要将出版工作放在国家发展与民族复兴的大格局、大发展态势中考量，践行社会主义核心价值观，朝着正确的文化方向发展；同时要将出版放在国际大视野中考量，关注社会发展、世界文明的发展与科技进步，面向世界传播中国先进文化与先进技术。

本讲参考文献

[1] 关宝树. 隧道工程施工要点集 [M]. 北京：人民交通出版社，2003.

[2] 赵勇. 隧道设计理论与方法 [M]. 北京：人民交通出版社，2018.

[3] 王梦恕. 大瑶山隧道——20 世纪隧道修建新技术 [M]. 广州：广东科技出版社，1994.

[4] 王梦恕. 地下工程浅埋暗挖技术通论 [M]. 安徽：安徽教育出版社，2004.

[5] 王梦恕. 中国隧道及地下工程修建技术 [M]. 北京：人民交通出版社，2010.

[6] 孙钧. 隧道结构设计关键技术研究与应用 [M]. 北京：人民交通出版社股份有限公司，2014.

[7] 吕建生. 新时代出版的历史使命与文化担当 [J]. 中国编辑，2018（2）.

[8] 吴平. 学术出版的价值与意义 [J]. 出版科学，2019（6）.

第 9 讲

科技出版机构的定位与转型

科技出版机构的传统业务是纸质图书出版，随着互联网和数字技术的发展，近十年来开始向数字出版方向转型，并伴随着新型知识服务模式的出现，科技出版机构的业务边界延伸，业务范围得以拓展，业务链条不断延长，其定位和业务框架需要重新确立，发展模式和转型路径需要重新设定。

一、科技出版机构的重新定位

新媒体条件下"知识传播与服务"成为必然。

从业态发展的角度进行推演，新媒体出现以后，出版机构要从图书出版向数字出版（全媒体出版）转型，而专业领域发展数字出版不可避免地进入到"在线教育"或"在线知识推送"的范畴，这时候按传统"图书"模式推送知识出现问题，充分研究用户"刚需"并提供相应的解决方案成为必然，因此各种类型的知识服务需要开展。

从知识传播的角度进行推演，对于出版机构，在新媒体出现以前，图书出版是知识传播的主要方式；而现在知识传播的方式不仅有图书，还有新媒体；新媒体，使以满足读者知识需求为目标的更便捷更多样化的知识服务成为可能；而知识服务又使我们的产品形态与业务类别更趋多样化，新业务应运而生。

因此,在当前的新媒体条件下,传统图书出版机构由单纯的"图书出版"向综合性的"知识传播与服务"转变,毋庸置疑应该成为共识。

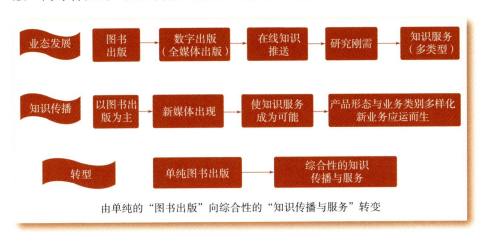

由单纯的"图书出版"向综合性的"知识传播与服务"转变

在"知识传播与服务"的定位下,出版机构既是知识的生产者,也是知识的传播者与提供者,企业(机构)及其工程师是我们的用户,既是知识的来源方,也是知识的需求方。因此,出版机构和用户互为需求、互为供给,以"知识"为中心形成事物的AB两面。

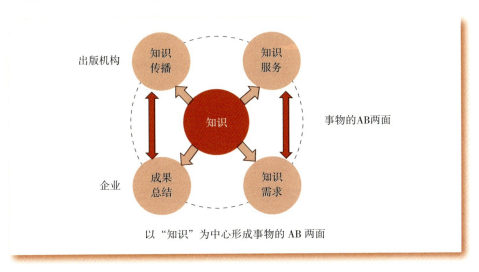

以"知识"为中心形成事物的AB两面

目前来看，出版机构已经成为知识服务提供的主体，应以"知识传播与服务"为战略定位，全面开展知识生产、知识集聚、知识管理、知识传播、知识服务，在业务范围内围绕"知识"开展全链业务，推动从单一的传统图书出版机构向综合性的以"知识"为运营主体的现代文化传播企业转变。出版机构要顺应互联网时代出版业数字化转型、融合发展的大趋势，契合知识经济时代行业（企业）知识管理、知识需求的大背景，适应当前读者需求—知识供给模式的变化，全面构建包括知识成果获取、全媒体传播、多样化知识服务在内的全业务链，建立包括但不限于科技成果总结与出版、企业知识管理与服务、在线知识产品开发与提供、学历教育教学产品开发及教学服务提供、行业培训产品开发及服务提供、安全宣教、软课题研究在内的新型业务架构，打造全媒体、多业务、综合性运营的新型业务模式和业务生态。

二、科技出版机构转型的总体思路

通过对出版业高质量发展背景与形势的研究，以及对出版业同行发展情况的调研分析得到，出版企业高质量发展的核心是推动"三个转变"：一是由传统图书出版向综合性知识传播与服务转变，二是由规模数量型向质量效益型发展模式转变，三是由单体图书出版机构向综合型现代出版传媒集团迈进。

科技出版机构要进一步聚焦主责主业，紧紧围绕企业发展战略定位，全面开展知识传播与服务，以科技出版与文化传播推动行业进步与发展。要继续发挥图书出版业务对企业经营发展的支撑性作用，挺拔出版主业，创新发展模式，注重高质量发展，推进图书出版业务的继续增长与发展。

要努力实现图书出版高质量发展，包括内容高质量和生产高质量，打造出版品牌，推进企业的发展模式由规模数量型向质量效益型转变。图书出版高质量发展，是新时代深化出版供给侧改革的重要任务，是反映时代风貌、贡献中国智慧的必然要求。要关注科技热点，立足行业发展需要，加强业务规划与研究，提高选题策划水平，优化出版结构，完善产品架构，凝聚高水平作品，发力重大出版项目，打造精品力作，持续提升公司品牌美誉度，以高质量的图书出版助力行业发展。要从严把好选题质量关，坚决淘汰低水平、低效益图书，鼓励新领域培育、学术出版发展以及重大项目运作，推进图书出版发展模式由规模数量型向质量效益型转变。要优化资源配置，加强生产力量建设，严格加强生产质量管控，实现图书生产高质量。要着力提升国际出版合作能力，为企业提供新的发展支撑。

科技出版机构要加快融合发展，紧紧围绕行业发展需求，通过融合发展和业务转型，推动知识服务能力提升，推进新兴业务迭代，夯实经营支撑，构建形成新型知识传播与服务业务体系，推进由单一图书出版向综合性知识传播与服务转变。

加快推进融合发展，是推进出版业供给侧结构性改革的必然之举，也是企业改善绩效结构、实现高质量发展的重要保障。要把握融合发展的根本，摆脱传统路径依赖，摆脱纸媒出版一柱独撑，全面开展知识传播与服务，构建企业全媒体、多业务、综合性运营的新型业务模式和业务生态，实现企业专业出版、行业培训、学历教育、文化创意等主要业务领域的有效融合转型。要聚焦主责主业，从行业发展大势中寻找融合发展机遇，主动谋划高科技含量、高知识含量、高专业化水平、高附加值的融合项目，培育重大、精品融合项目，实现业务迭代和有效的经营支撑。要主动破解制约企业新兴业务发展壮大的瓶颈和问题，研究、解决和完善适应数字经济快速发展和培育新兴业务需要的顶层设计、基础工作、能力建设、技术支撑、销售运营、资源配置、绩效管理、专业人才、激励机制等事项，努力营造良好的发展环境。

科技出版机构要更加注重人才支撑发展，推进高质量的人力资源体系建设，引进、培养、造就高水平的领军人才和团队带头人，以人才为核心助力企业高质量发展。科技出版机构要更加注重先进企业管理，不断完善现代企业管理制度，持续优化内部管理机制，提升生产销售需求快速响应与精准调控水平，加强数据分析支撑决策能力，为企业高质量发展保驾护航。科技出版机构要更加注重创新驱动发展，以创新为第一推动力解决公司高质量发展问题，推动公司由依靠传统要素驱动向更加注重创新驱动转变。

三、科技出版机构面向"知识传播与服务"的转型路径与对策

从出版机构的转型路径来看，传统的图书出版与发行，可以看作是 1.0 时代，目前正在向 2.0 时代"信息化知识传播与服务"迈进，这一阶段的主要特点是探索和培育新媒体条件下的知识生产、知识推送和知识服务，出版机构面临一系列知识需求和供给模式变化的再适应，以及配套的知识生产体系重构，其基本工作包括知识资源建设、知识库开发和知识服务产品探索实践。在不久的将来，随着信息化、大数据、人工智能技术的发展，读者知识需求和阅读习惯的不断变化，知识服务模式的不断创新发展，出版领域必将进入到"智能化知识传播与服务"的 3.0 时代，为行业领域的科研、技术应用、知识管理工作进行智能化知识提供和决策服务，将成为可能。

科技出版机构应确立基于问题导向的转型对策，强力推进新兴业务和融合出版业务，加快实现业务迭代和经营支撑，包括但不限于：

（1）加强新兴业务的基础工作建设，加快知识库建设与传播平台构建，加强版权采购和资源集聚，聚集优质头部内容，提升版权管理的水

平，加强数字化知识生产、管理及质量管控体系建设，以市场需求为导向，进行多样化的知识传播和知识服务产品开发与业务推进，向信息化知识服务迈进。

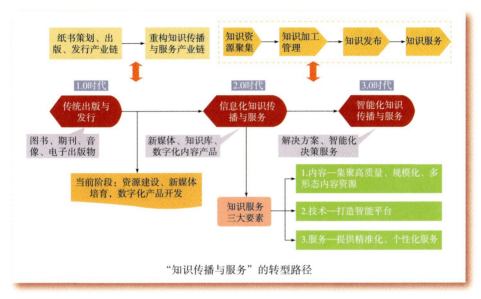

"知识传播与服务"的转型路径

（2）专业出版转型方面，着力推进专业出版范畴业务转型和融合发展的进程，扩大面向企业（机构）知识管理与服务的业务规模，探索专业出版自媒体聚合平台建设与运营。

（3）行业培训转型方面，以构建全方位、立体化、综合性行业培训产品及服务提供体系为前提，重点推进一系列行业培训领域的数字出版及新媒体业务、衍生业务、创新型业务，要尽快实现显著成效。

（4）学历教育转型方面，持续推进学历教育板块创新型教育教学产品的市场需求研究和产品研发，加大探索尝试力度，加快推进转型进程，适应新形势，挖掘新机会，构建以教育教学资源研发与服务为主体的新型业务模式，突破当前以教材出版为主体的业务模式，实现战略转型。

（5）全力加强新兴业务的综合性知识服务能力建设，包括：创新团队组织模式，建设开放式内外部合作组织，创新内部业务组织模式，提高项目推进效率，与外部技术、运营公司深度合作，解决公司技术和运营短板的问题；合理加强新业务发展的人力和资金投入两个方面的资源配置；加大助力业务快速发展的专业人才的引进力度；以实战、内训、交流研讨等各种手段着力提升公司人员的综合性业务能力。

（6）重点解决影响新兴业务发展的激励机制问题，调整绩效考核管理办法，加大刺激业务发展的薪酬和奖励激励力度。

（7）全力加强新兴业务的支持保障体系以及制度化建设工作，加快构建与新兴业务相适应的发展环境，建立包括立项审批、资源配备、项目管理、绩效考核在内的高效的决策与管理体系，包括资金支持、技术支持、人力保障、外部合作、团队组织在内的有效的支撑保障体系。

第 10 讲

出版机构基于知识管理需求的知识服务体系构建

通过前面各讲内容的介绍，我们可以了解到隧道及地下工程领域知识管理与知识服务提出的宏观背景，在此基础上，通过深入的从业人员状况和需求分析，了解和掌握其知识需求特点，与此同时，从知识管理的视角加以梳理，提出隧道及地下工程领域——甚至可以扩大为整个交通建设领域——应该开展六个方面的知识管理工作。针对企业这六方面知识管理需求，出版机构则需基于自身的职责、定位、转型思路和业务拓展需要，拓展、提供相应的知识服务业务，即构建新时期面向企业知识管理需求的知识服务体系。

一、知识管理服务的业务实践

经过四年来的探索和实践，我们基本形成了包括企业科技成果总结与出版、公共知识资源和知识库提供、企业工程技术资料库及集输用平台构建、企业技术培训及在线课程开发服务、企业专家咨询团队与平台建设、企业书吧建设运营及图书采购服务、企业知识管理与服务平台建设、企业软课题研究等八项服务，以及出版咨询、教学资源库建设、知识库开发、一体化安全宣教产品开发在内的全业务链。各项业务将在后续专题中详细介绍，在此仅作总括性的描述。

1. 企业科技成果总结与出版

企业科技成果总结与出版，即服务企业科技创新成果、重大工程建设、新技术新方法的总结及出版，提供全流程编审咨询和出版推广支持，助力企业构建高水平科技创新成果集群，凝聚科技创新核心竞争力，塑造良好行业影响力。

该项知识服务业务基于传统的图书出版，伴随近些年企业软实力塑造和品牌建设衍生而来的；与传统的图书出版相比，其业务内涵发生显著变化，推动科技成果的总结及知识生产是其根本，图书出版则成为结果的一部分；与数字出版以及数字资源集聚紧密关联，成为企业技术资料集聚的基础性工作。

具体的案例，比如中铁隧道局集团有限公司，承担了国内近一半的重大特难隧道工程修建，为此，我们协助其策划出版了"面对挑战的隧道及地下工程系列丛书"，以持续开展重大科技成果总结，打造其在隧道及地下工程领域的品牌影响力。同样，围绕中国铁建股份有限公司在城市地下空间开发利用方面的优势、中铁十八局集团有限公司在 TBM 建造方面的优势、中国铁建重工集团股份有限公司在装备研发制造方面的优势、中铁工程设计咨询集团有限公司在智能高铁技术、跨座式单轨技术方面的优势、中铁二院工程集团有限责任公司在复杂艰险山区道路修建技术方面的优势，以及其他一批企业的技术优势，我们协助开展了大量的科技成果总结和出版工作，对此，也形成了我们成熟的经验和深刻的认识。

2. 公共知识资源和知识库提供

公共知识资源和知识库提供，即充分集聚交通运输领域几乎所有已公开发表的知识资源，包括图书、期刊论文、工法、数字课程等各类资源，面向企业以多种形式进行提供,作为企业知识供给的重要组成部分。

作为知识管理的一部分,企业及其工程技术人员对外部知识资源有客观需求。因此,出版机构要将各个专业领域内散乱的公共知识资源加以充分集聚,并以知识库的方式向企业提供,供工程技术人员检索使用。

在实践中,我们已初步建设完成数字图书馆、期刊论文库、标准规范库、工法库、工程案例库和视频课程库,在交通土建方面集聚了大部分的知识资源,可向企业提供知识服务。

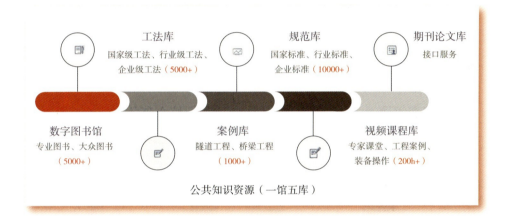

公共知识资源(一馆五库)

3. 企业工程技术资料库及集输用平台构建

企业工程技术资料库及集输用平台构建,即协助开展企业工程技术资料的采集、总结、审核、标准化数字化生产、管理,工程经验的知识萃取,进行数字化"企业工程技术资料库"和集输用平台的建设开发,推进企业有效的知识生产、知识管理和知识运用。

该项业务主要是协助推进企业内部知识的管理,包括工程技术资料汇集管理和知识萃取两部分内容,作为一线工程师的重要知识来源。该项业务可以作为出版机构知识服务中重要的单体业务加以发展,具有较大的发展空间。

目前，我们已初步开发完成企业技术资料管理软件平台和客户端使用平台，并在相关施工企业开展试用。

4. 企业技术培训及在线课程开发服务

企业技术培训及在线课程开发服务，即面向企业开展专业化、高水平技术培训，提供前期技术人员状况调查、企业培训规划编制、培训内容设计和开发，提供高水平线下培训来分享专家经验，提供在线培训课程开发进行系统化技术提升，提供高效能项目适应性培训。

企业技术培训及在线课程开发服务业务，是目前企业需求最明确、出版机构最适宜提供的业务类型；该项业务在传统线下培训业务的基础上，发展出在线培训以及在线课程开发与提供，并最终实现线上、线下相结合的培训服务提供模式；在线培训及课程开发将成为出版机构培训产品提供的重要发展领域，发展空间较大。

5. 企业专家咨询团队与平台建设

对于企业来说，充分运用外部专家力量，是提高自身技术能力的有效手段，是其知识管理的一部分，但目前绝大多数企业的外部专家运用都非常有限，方式方法也有局限性。同时，推动专业技术以及专门知识由高水平向低水平、由专家学者向一般工程师传播，进而推动行业整体技术水平的不断提升，是出版机构的职责，专家咨询是一个重要的方式。

为此，我们把专家咨询作为一项探索性、创新型业务加以推进，通过协助企业组建开放式专家团队，构建线上线下相结合的交流咨询平台，充分有效运用行业专家的经验和能力，助力企业科技创新和项目建设。

6. 企业书吧建设运营及图书采购服务

出版机构传统的图书发行，采用的是经销商委托代理模式。在面向企业开展深度知识服务的情形下，企业提出定制化建设职工阅览室、全品类图书采购等要求。为此，我们创新并延伸图书销售业务模式，确立"企业书吧建设运营及图书采购服务"作为创新型业务，协助企业在下属公司或项目部阅览室建设"职工书屋""交通书吧"或"隧道书吧"，提供书吧设计、施工、家具配置、图书采购一体化服务，提供全品类纸质图书采购服务，提供定制化手机端融媒体图书馆（WiFi 盒子版）。

书吧的建设，既可以改善基层项目部学习环境，塑造团队良好学习氛围，使其成为职工学习交流、技能培训和项目团队建设的重要平台，也是开展基层党支部建设、宣传展示企业文化和精神风貌的窗口。"书吧"以纸质图书版、WiFi 盒子版及大屏终端版等多种媒介形式呈现，满足工程建设人员在不同场景下对党建、科技、文化等多领域内容的需求。

对于出版机构来说，书吧建设运营及全品类图书采购业务，作为知识服务业务之一，则可以为企业提供更优质、更贴身的服务，创新自身图书销售业务模式，同时将书吧建设成出版社品牌展示的窗口，扩大出版社的影响力和业务触角。

7. 企业知识管理与服务平台建设

上述知识服务业务的开展，需要高水平的信息化平台和多媒体终端予以支撑，为此，我们开发了知识管理与服务平台（PC版+App版），具备公共知识资源和知识库提供、企业技术资料管理和数据库建设、培训及培训管理等基本功能，以此为依托实现上述知识服务业务。

出版机构面向企业知识管理需求的知识服务，需要运用互联网和新媒体手段，协助企业建设信息化平台和新媒体终端，提供信息化交流平台；需要线上与线下相结合，协助企业开展知识管理，打造企业级"5+3平台"，助力企业高水平技术运用体系构建；企业知识管理与服务平台建设，可以作为出版机构的主要业务发展方向，也是开展知识服务的基础能力和保障。

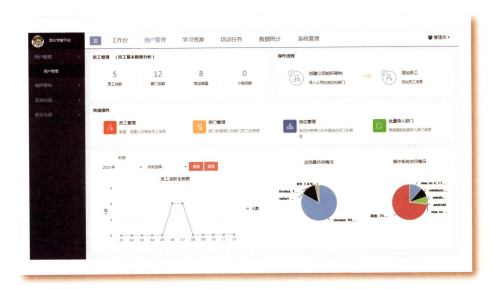

8. 企业软课题研究

我国的科技出版机构，通常在某个专业领域具有深厚的行业背景和影响力，同时伴随出版资源的凝聚，形成一批专门化、高水平的人才队伍和专家资源，专业前沿和行业认识也较为深入，因此完全有能力承担行业内的软课题研究。出版机构出于转型的需要，也有必要延伸业务链，把软课题研究作为新的业务发展方向和转型支撑点。同时，向数字出版、新媒体及创新型业务的发展和转型，也要求我们面向企业开展题库、培训课程库、资源库、安全宣教等方面的研究和开发。

因此，近几年，我们积极推进软课题研究业务，先后参与隧道学会

"2016年承接政府转移职能与科技公共服务工程"子项目"隧道及地下工程专业技术人才水平评价体系研究"（项目编号：2016GGFZ002），参与2018年度中国科协学科发展工程项目子项目"2018—2019隧道及地下工程学科发展研究"（项目编号：2018XKFZ24）研究工作，承担了主要的项目组织和研究工作，受到了业内的好评。在各类专业的教育教学资源库、培训课程库、题库、安全宣教规划及产品研发等方面，都做了大量的工作，形成了丰富的研发能力和经验。2020年，我们申报"交通建设企业的知识管理与知识服务"作为交通运输部交通强国建设试点任务；围绕面向交通运输企业的知识管理服务这一主题，申报交通运输部科技创新领军人才和团队，也意在深化该领域的研究和业务拓展。

软课题研究，可以极大提升出版机构的研究能力和综合服务能力，提高在行业内的水平和地位，放大发展格局和发展空间。

二、"知识传播与服务"定位下的新型业务架构

综合上述业务实践，初步架构出"知识传播与服务"定位下的新型业务架构。

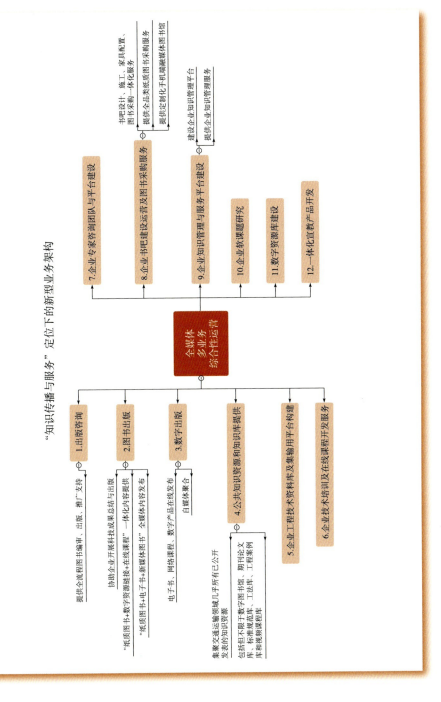

三、业务发展目标

结合行业发展趋势，面向企业知识管理需求的知识服务，确立了如下发展目标：

（1）构建形成完备的新型企业知识管理与服务供给体系。建立形成有效的企业知识管理与服务体系，实现企业科技成果总结与出版、企业工程技术资料及集输用平台构建、交通运输领域公共知识资源集聚、企业员工培养培训体系建设、专家交流咨询平台构建，推进知识创新和知识运用，构建企业技术发展运用平台，提升企业整体技术运用水平。

（2）构建形成高效的企业"5+3"知识管理与运用平台。推动交通工程建设企业建设 5 个基础知识管理平台——企业科技成果总结与出版平台、企业工程技术资料集输用平台、全媒体公共知识资源提供平台、企业一线工程师教育培训平台、专家资源运用及咨询服务平台；进而打造 3 个企业级知识管理平台——企业级知识管理与共享平台、企业工程师学习与成长平台、企业层级技术发展运用平台。

（3）构建形成完善的企业科技成果总结组织与管理体系。建立企业科技成果总结与出版的目标管理、组织机制、事务推进、考核评估等一整套实施与保障体系，实现重大工程建设、重要项目研究以及科技创新、工程建设和管理经验的总结、发布和出版，构建高水平科技创新成果集群，打造企业科技创新核心竞争力，塑造良好行业影响力。

（4）构建形成有效的企业工程技术资料库及集输用平台。以有效的制度化手段开展知识萃取和知识挖掘，开展基于项目的企业核心技术资料、技术成果的采集、总结与归口管理，构建"企业工程技术资料库"，建设企业工程技术（资料）集输用体系，实现有效的知识综合管理和运用。

（5）构建形成全面的交通运输领域公共知识资源集聚。充分集聚外部公共知识资源，作为企业知识供给的重要组成部分，包括图书资源、期刊论文资源、标准规范、工法以及各种知识库资源，也包括同行企业的工程技术资料，建设开发高水准的知识库。

（6）构建形成先进的综合性企业员工培养培训体系。建立全过程、全岗位、多层次、立体化的员工培训体系，实现科学合理、系统全面、创新高效、高质量的人员培训；建立形成立体丰富、形式多样的培训产品提供体系，创新技术交流分享方式，打造强大的企业培训设计、开发与供给能力；构建完善的在线教育生态环境，形成功能强大的在线教育平台、培训管理平台和在线课程开发能力。

（7）构建形成新型的专家与工程师技术交流咨询平台。建设企业开放式专家团队，构建线上线下相结合的交流咨询平台，充分有效运用行业专家的经验和能力，助力企业科技创新和项目建设。

（8）构建形成体验良好的知识管理与服务产品平台。运用信息化、数字化手段实现企业的知识管理和知识服务，包括公共知识资源和知识库提供、企业在线培训和培训管理、企业工程技术资料库集输用、企业专家咨询等。

四、结语

综上，面向企业知识管理需求的知识服务体系基本构建形成，而对于出版机构来说，则务必要适应当前读者需求—知识供给模式的变化，针对知识传播与服务的新定位、新特点、新需求，向出版的前后端延伸，构建包括知识成果获取、全媒体传播、多样化知识服务在内的全业务链，培育衍生业务，延展业务链，提高综合出版服务能力，进而推动出版转型、增长与发展。

本讲参考文献

[1] 谢海龙，陈志敏. 知识服务背景下专业出版转型的探索与实践[J]. 出版参考，2020，（10）.

第 11 讲

企业科技成果总结与出版

企业在科技知识传播中担任重要的角色，尤其是优秀的工程建设企业，承担了行业内绝大多数的重大工程建设、重要项目研究以及科技创新，具有丰富的工程建设和管理经验，是行业先进科技知识的"来源方"和"生产者"。因此，这些优秀企业的成果能否很好地总结出来并对外公开发布、传播，对于行业发展以及整体技术水平的提升，具有重要意义。

一、企业科技成果总结与出版的意义

企业如何看待自身的科技成果总结与出版？通过梳理，可以总结为四个方面。

1. 凝聚科技创新核心竞争力，塑造良好行业影响力

未来，企业竞争是技术实力之争，是知识产权之争。技术成果的梳理、总结、凝练，是企业内涵式建设的重要组成部分，是企业核心竞争力建设。企业所承建的每一项工程，只有将其中的创新成果总结出来并内化为企业的技术能力，才会成为企业核心竞争力的一部分，企业的整体技术水平才会不断提升。否则，企业会陷入前文所述的常见问题之中：内生创

新活力不足，大量先进技术存留于个人手中，人员流动往往意味着知识的必然流失，影响企业竞争能力的常见性、共性问题在不同领域反复出现，企业整体技术水平提升缓慢，影响力不断弱化。

企业以领先的技术水平、技术能力，通过成果总结和科技著作出版，推动行业发展，并进而获得较好的行业影响力，从而推进企业的可持续发展，使企业在市场竞争中赢得先机，至关重要。尤其是首创性、领先性的技术成果，只有发表出来，进行必要的宣传推广，才会在行业内形成最大的影响力。

2. 助力打造高水平科技创新成果集群，构建科技创新成果体系

打造高水平科技创新成果集群，构建科技创新成果体系，是企业"软实力"建设的重要组成部分，是企业技术发展和品牌塑造的重要基础。科技成果总结与出版，可以起到重要的助力作用。

3. 培育专家人才队伍，助推企业创新发展

科技成果的总结与出版，要经过高水平的知识萃取，是对专业人才理论、实践水平的一次升华。而以成果总结为依托的科技著作出版，则是培育专家型人才的必要手段，助力企业高水平专业技术人才脱颖而出，构建高水平的人才梯队。最终，优秀人才队伍的建设将极大地助推企业创新发展、良性发展。

4. 既是企业自身需要，也为彰显社会责任

对于企业来说，可以反问一下自己，领先成果为何不率先发表出来，以塑造良好的行业影响。企业的科技成果总结与出版，既是保护发明创造权，保护品牌所有权，保护知识产权的需要，也是担负社会责任的需要和具体体现。

二、企业开展科技成果总结与出版的内涵

企业应立足于工程建设主行业，以构建企业自身核心工程技术运用体系为目标，聚焦核心或优势技术领域，针对科研创新成果、重大工程实践、新工法新工艺开发以及有益的工程建设管理经验，组织全体建设管理人员，有计划地进行积累、遴选、总结、编写，并择其重点出版、推广、发布，提升技术影响力。

三、出版机构在科技成果总结与出版中的再定位

从知识传播的角度出发，面向企业的科技成果总结与出版，出版机构的角色定位发生如下变化。

1. 出版机构的业务目标扩大

其一，全面推进行业科技成果的总结与发布；其二，与此同时，实现高水平、成系列的图书选题策划。

2. 出版机构的业务特点转变

其一，由原有的图书出版扩大到行业企业的科技成果总结；其二，科技成果总结不仅为图书出版服务，也为知识资源积累和数字化发布服务；其三，该项业务的推进，与当前企业打造品牌影响力的需求相契合。

3. 出版机构的业务实施

包括但不限于：其一，协助企业开展技术资料开发与管理；其二，协助企业开展科技成果总结与出版；其三，协助开展企业标准、工法的编制。

四、科技图书出版的类型

1. 学术著作

企业的学术著作，限于自身特点，少量是基于学术性专题研究编撰而成的著作，如《隧道支护结构设计总安全系数法》《地层冻结法》；大部分是偏应用技术专题研究的，如《青藏铁路冻土环境与冻土工程》《城市轨道交通工程硬岩双护盾 TBM 隧道修建关键技术》《胡麻岭富水弱胶结砂岩隧道施工技术》。

通常，企业的学术著作多是与科研项目相结合，面向某一"点"或某一"专题"，如《顺层岩质边坡稳定性分析与支挡防护设计》《软岩浅埋超大断面地铁暗挖车站修建关键技术》；也有侧重于较大专业领域的前沿技术或创新成果的，如《隧道设计理论与方法》《盾构与掘进关键技术》《山区道路山地灾害减灾技术》《中国隧道及地下工程修建技术》。

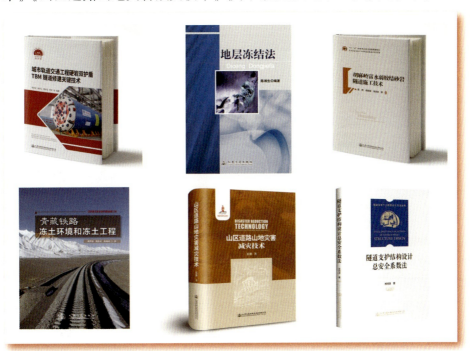

作为学术著作,应是创新成果的总结和凝练,要体现先进性,其理论、方法、技术、实践要有机结合,并侧重于理论分析和技术研究。

依托重大工程中的关键技术编撰而成的学术著作,也属于工程总结的范畴,但侧重于"著作",着重于对某些关键技术进行从问题提出、研究分析到方法确立、技术路线、实际应用的系统介绍。

2. 重大工程总结

重大工程总结是企业经常涉及的图书出版类型,大致可分为两类:一种是侧重于关键技术成果的总结,有"著作"的特性,如前所述;一种是进行全程、全面的工程建设资料总结,通常包括工程概况、设计、施工、建设管理等内容,比较全面,但技术价值趋弱。重大工程总结的核心目的是把有特色有创新的成果和经验总结出来,供同行借鉴,因此,类似于前者的总结更有意义。例如《世界最大公轨合建隧桥工程—上海长江隧道关键技术与创新》"港珠澳大桥跨海集群工程建设关键技术与创新成果书系""成兰铁路不良地质隧道建造关键技术创新与实践"。

3. 手册工具书

手册工具书作为工程师案头必备,通常是由企业组织编写的,比如《地铁施工手册》就是由中国铁建股份有限公司组织下属十六家单位编撰而成,对地铁施工的方法、技术、工艺、材料、设备、组织等等进行全面介绍。通常,手册类图书要代表行业整体技术水平,组织难度大,动员力量多,水平要求高。词典,如《汉俄—俄汉高速铁路工程词汇》,也是工具书的一种。工具书的编撰需要有长期的技术积淀和素材积累作为支撑。

4. 实用技术图书

实用技术图书通常会针对某个专业领域或专项技术进行实用性、应用性的讲解,与手册相比体量要小,但更加方便、灵活,比如针对测量、试验、材料管理甚至场地布置,都可以成书。但实用技术图书要具有广泛的市场性,实用、便捷是第一要求。该类图书对作者的学术水平要求不高,但要实操性强,体量小,便于组织,写作难度不高。例如《隧道施工要点集》《不良、特殊地质条件隧道施工技术及实例》《盾构施工技术》,都是极受欢迎、较为畅销的实用技术图书。

5. 论文集

论文集,即为论文结集,很多专家会选自己历年的优秀论文结集出版,很多企业也会组织员工撰写技术论文并结集出版,例如《川藏铁路建设的挑战与对策——2016学术交流会论文集》《王梦恕院士文集》。论文集是最容易成书的一种方式。

6. 企业标准

企业标准是在企业范围内需要协调统一的技术要求、管理要求和工作要求所制订的标准,是企业组织生产、经营活动的依据。国家鼓励企业自行制订严于国家标准或者行业标准的企业标准。企业标准由企业制定,由企业法人代表或法人代表授权的主管领导批准、发布。

在经济全球化的今天,"得标准者得天下",标准的作用已不只是企业组织生产的依据,而是企业开创市场继而占领市场的"杀手锏"。

7. 画册类图书

画册类图书是针对重大工程以影像记录为主的图书,可以作为企业成果或工程展示的一种方式,如《足迹:深圳地铁 7 号线建设光影纪实》《一条穿越老城区建筑丛林的地下快速路——广州市轨道交通六号线工程开通纪念与设计精粹》《深圳地铁 2 号线工程影像纪实》,就对这两条有代表性的地铁线路以影像的方式进行了全面的记录和展示。

8. 富媒体图书

科技图书可以技术手段实现全媒体的内容呈现。以《隧道混凝土湿喷台车操作技术手册》为例,为便于读者快速掌握装备原理、操作要点、常见问题处置方法等,书中以二维码配套动画、视频等多媒体资源,另外还邀请相关专家录制有关内容的专题视频讲座,以"三位一体"全媒体的方式向读者推送内容提升了图书的实用性、可读性。目前这种方式的应用场景更趋多元化。图书不是阅读的终点,它是打开全媒体知识与服务的链接。

五、企业科技成果总结与出版的组织实施

1. 规划和计划

企业要把科技成果总结与出版提高到公司的战略高度，并确立为公司一项重点工作或专项工作，作为公司软实力建设的重要组成部分。随后，进行总体规划，编制推进计划。规划内容包括科技成果总结与出版的定位、目标、组织机构、类别、出版计划、工作流程、经费保障、管理办法等各个方面。

2. 组织实施

可按出版计划分步启动组织实施，定期（每年度）召开工作推进会。所立项丛书都要确立编写定位、编写目标、编审指导思想，定期组织申报遴选、组织图书编审等相关事项。通常按年度组织申报、遴选，每年在固定时间节点发布通知，滚动征集、评选，可根据企业工程建设和科研进展情况，明确每年申报重点，对重点工程或重大课题可定向组织。作为企业出版平台，通常会策划为开放式丛书，根据每年度工程进度情况不断增补图书列入。

3. 组织管理

企业要有专门的部门和人员对科技成果的总结进行组织管理，通常由科技管理部门及相关人员承担。

4. 编审委员会

对于丛书或图书编审组织，通常要组建编审委员会，作为项目的规划、遴选、编审指导和把关团队，同时明确丛书或图书的编审负责人。编审委员会也可请外部专家参与和支持，邀请高校专家参与部分内容的编写、统稿或承担稿件审查工作。

以下为大型图书出版项目《地铁施工手册》的编审组织架构。

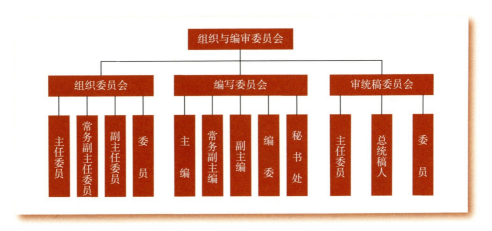

5. 经费保障

对于科技成果总结与出版工作，通常企业要有充足的经费保障。所需经费涉及编写、审稿、会议、专家咨询、出版、购书等各类费用，可以通过企业专项经费、项目自筹、市场销售、出版基金申请等多种方式予以保障。

6. 编审工作保障

由编审委员会提出丛书或图书的总体编写指导思想、编审要求和工作计划，作为丛书编写出版的主要依据。

确定图书主编部门和编写负责人，组建编写团队。要遴选专业素养全面、有责任心、有充足时间的专家担任负责人，负责大纲编制、团队编写组织及统稿。

通过组织召开编写启动会、编写大纲讨论会、初稿审查会等，宣贯编写指导思想、统一编写思路与写作风格，确保较高内容编写质量。

出版社可协助完成图书编撰团队的组建，以及编撰过程中编写启动会、大纲讨论会、初稿审查会等会议的组织策划与专家约请，深度参与丛书选题的编写定位、编写指导思想、编写体例格式的拟定等，并协助牵头单位向各编写单位及人员宣贯。

六、科技著作编审及质量控制要点

要保证科技著作的编写质量，总结以往的经验，以下几个方面较为重要：

（1）组建核心编写团队。包括丛书主编或执行主编、分册（分篇）的编写负责人、执笔人。尤其是前两者，要具备较高的专业技术水平和责任心，并有充足时间承担稿件编审工作。

（2）确定细致的大纲和编写思路。好的大纲会起到事半功倍的效果，因此大纲要集团队之力准备充分，反复讨论，最好细化到章、节、目。

（3）明确图书的编写定位和编写指导思想。作为图书编写的总纲，忌中间反复和变化。

（4）编审组织有序、高效推进。执行主编注重关键节点把控，制订明确、严谨的编审进度计划；各级人员要高度负责，认真体会、贯彻编写要求。"编—审—改—统"，各尽其责，环环相扣，紧凑推进。

第 12 讲
新时期手册工具书组稿与编写工作要点

当前，我国已经成为包括高速公路、高速铁路、城市轨道交通在内的世界上交通基础设施建设规模最大、速度最快、类型最复杂多样的国家，交通土建工程技术发展极为活跃和快速，重大工程项目、新技术、新工艺大量涌现，对修建技术的要求在不断提高。同时，由于工程体量庞大，工程技术人员的数量、整体技术水平和能力亟待提升，迫切需要能够反映当前最新技术水平、代表行业水准且满足全媒体推送需要的优秀的手册工具书指导工程实践。同时，强化交通基础设施建设领域手册工具书的编撰出版，系统总结我国在该领域的先进技术体系，对于推动中国的先进技术"走出去"，推进中国工程领域的健康、有序、高质量发展具有重要意义。

新时期交通土建类手册工具书的编撰出版呈现出全新的特点，主要包括如下五个方面：

（1）手册编撰组织难度增加。上一轮大型手册工具书较为集中的编撰出版是在2000年前后，当时交通土建领域进入快速发展通道，技术体系初步确立，知识需求迫切，出版社主要依靠行政手段组织行业企业和专家参与编撰工作。然而，目前这种组织方式已经几乎不可能，如何动员企业、专家参与手册工具书的编写，是迫切需要解决的问题。

（2）技术发展快速，内容庞杂。当前交通土建领域技术发展快速，工程环境复杂多样，技术应用类型庞杂，涉及内容繁多，如何把握重点、特色鲜明的编好手册，需要精心谋划、统筹规划。

（3）从业人员整体工程技术素养达到新阶段。近 20 年来，我国工程技术领域的学历教育水平大幅提升，工程经验日益丰富，技术队伍的整体素养提高到一个新的层次，读者知识需求特点发生较大变化，那么手册的编写定位、写作深度和侧重点需要相应变化。

（4）参编人员工作繁忙，编写经验不足。参编人员都是工程一线的业务骨干，日常工作已经极为繁重，同时，大多数工程技术人员写作功底不足，缺乏图书编写经验，这些问题都需要在编审组织中予以关注和解决，以确保编写质量、进度控制目标。

（5）契合读者知识获取方式的变革。互联网尤其是移动互联，为知识传播提供了新的渠道和形式，为读者提供了更为丰富的知识来源，促其形成新的阅读习惯。因此手册编写中如何运用新媒介、如何适应读者阅读习惯的变化，内容编写如何体现差异性，都需要加以考虑。

近几年，我们在一系列手册编写过程中，既遵循手册工具书的基本编制要求，又着重解决新时期面临的新情况，较好的完成手册工具书编写出版任务。在此，结合实际工作总结新的经验和认识，供同行借鉴。

一、选题策划与组织

当前，手册工具书的编撰组织难度较大，寻找具备编写能力、编写意愿的机构以及专家，构建编写团队，完成组织工作，极为关键。交通社一系列大型手册工具书的编撰，主要以大型央企为主编单位，高等院校专家提供审统稿支持，出版社全程提供咨询服务，构建编、审、统团队，在充分流程管控的基础上加以完成。

以中国铁建、中国交建、中国中铁等为代表的大型央企在中国乃至全球都具有较好影响力，在高速公路、高速铁路、城市轨道交通建设领域具备一流的技术实力，拥有一大批高水平的专家和资深工程师，具备较强的编写能力。这些央企基于凝聚科技创新核心竞争力、塑造良好行业影响力、打造高水平科技创新成果集群、构建科技创新成果体系、培育专家人才队伍、助推企业创新发展、彰显企业社会责任的考虑，也有意愿承担编写任务。同时，各大央企拥有超过十万的工程技术人员，用户数量可以保证。

二、全流程编审咨询

大多数央企都具备较强的技术实力，但图书编写经验不足，大型工具书编审组织经验缺乏，为此，需要出版机构提供全面支持。在《地铁施工手册》的编审组织中，交通社即作为核心组织方之一，提供全流程编审咨询，包括：

（1）协助制订编写组织方案，开展编写培训。

（2）协助制订编写纲要及细目，确定编写分工，组织编写讨论会。

（3）遴选、邀请审稿专家，协助各轮次稿件审定。

（4）制订编写组织实施进度计划，确立关键控制节点以及相应保障措施。

（5）制订各类组织、编写、审稿、统稿要求文件，作为工作依据，协助主编单位完成组织、审稿、统稿工作。

（6）按照全媒体出版的理念，协助制订数字资源配套方案。

三、编写定位确立

通常，明确读者对象，明确内容定位，是手册编写工作的前提。在新时期，更要基于出版目标、读者特点和互联网影响等一系列因素综合考虑确立。

比如，交通土建工程施工系列手册的编写定位，结合上述因素，即确立为面向一线工程师，总结、编写、创作、出版一套由中国铁建出品、代表行业水准的优秀的全媒体交通土建施工手册工具书，打造中国铁建的技术品牌和核心竞争力，推动交通土建工程施工技术应用体系的形成，并进而推动全行业及从业人员整体技术水平和能力的提升。

而在《TBM 施工手册》的编写中，则定位为面向 TBM 施工全体工程技术和项目管理人员，以新手为主、老手为辅，涵盖组织管理、设备设施、掘进施工、维修保养、不良地质处置等各个方面，编写一套特色鲜明、重点突出、内容详尽、实用有用，能够反映最新技术工艺水平的手册工具书。具体而言，手册以"TBM 施工"为主体，进行重点阐述，其他技术内容则为辅；作为手册，基本知识的撰写要简明扼要，不宜展开，而具体的方法、操作、工艺则要深入阐述、讲清讲透，确保实用、全面，可供参照，尤其要着重解决年轻工程师在现场"怎么干、怎么办、怎么算"的问题，在此基础上，确保手册的实用性、全面性、资料性、工具性和权威性。

手册编写定位的确立需经多方研讨后确定，以此为基础，使各位参编人员明确对象，明确定位，明确重点，熟知手册的编写要求和目标，从而较好的开展编写工作。

四、知识表达与行文逻辑

知识点是手册编写的基础单元，也是确保手册编写实用性、工具性的关键要素。从知识表达的角度说，手册的行文逻辑应基于新时期读者阅读习惯和知识获取的需求特点，在一定的篇幅范围内规划设计合适的方式呈现。具体包括以下五个方面内容：

（1）知识点的提出。有些只要用标题提出即可，有些还要对其原理、方法、构造等进行简明扼要的介绍和言简意赅的提炼，或略引出该技术的前沿发展趋势、方向，或当前应用中存在的问题，等等，方式不一而同。

（2）讲清楚"怎么干"，即总的流程和方法。

（3）详细阐述"怎么办"，展开介绍各主要技术环节的要点、详细做法、注意事项、常见问题处置、质量控制等核心内容。

（4）核心内容要"深入""细化"，附上各种参数表、资料表等相关资料性内容。

（5）进而给出"大大小小"各种案例、实例，用于辅助说明技术工艺运用的方方面面。

从行文的次序上，一个完整的知识点描述除包括上面五部分外，同时还要涵盖另外三方面的内容：

（6）大量使用图、表、案例、多媒体资源进行直观形象的表达，用以有效说明问题（知识点）。

（7）通常很多知识点会包含多种类型，要覆盖全面；但在写作中要注意主辅配合，坚持一条主线，辅助内容强调特色。

（8）涵盖必要的材料、设备、技术标准、施工计算等有关的各类内容，尤其是施工计算类内容，解决"怎么算"的问题。

五、确保手册五个特性

1. 权威性

作为手册，文中出现（引用、撰写）的原理、概念、名词、术语、分类、图表、公式、符号、数据、技术、方法、工艺等专业内容，应该是成熟的准确的内容，反映行业水准，而不是有争议的一家之言，更不能仅仅依托个别项目。应该是准确的内容，不能有误，这是手册编写的基本要求和底线；应该是先进的内容，而不是陈旧的已不再使用的技术。

写作中，要善于查阅文献资料，梳理掌握最新的技术体系，在此基础上用自己的语言准确的阐述表达。要广泛搜集全国各地各种类型的工程资料，在此基础上融会贯通。

文稿中，重要图、表、数据资料要列明可靠出处；引用内容列明本讲参考文献；在合适章节列明施工所要遵循的标准、规范。

2. 实用性

手册编写中，如能按第四部分的要求进行编写，写作到位且能具备较高的水平，内容较为丰富，即可达到"实用性"的目标。确保手册的实用性，要点如下：

（1）核心是从使用者的角度出发，把知识点讲清讲透，用于说明问题的各类资料丰富有效。

（2）充分运用"图解""表解""多媒体资源""实例"以及有关各类技术资料辅助说明要表达的知识点与主题。

（3）把经验、观点、看法很好的凝练总结并撰写出来，这些干货是最有价值，也是基层年轻工程师最为欠缺的、最需要的，"有用"即"实用"。

（4）手册编写中，要实现专业化的语言表达、体系性的知识阐述，切忌工程资料的简单汇集和堆砌。

（5）在突出重点的前提下，内容编写上要有一定的"深度"，要满足现场工程师一定深度的工作需要，忌浮于表面与流程化（大路货），问题揭示与工艺描述清楚，有水平，资料丰富，可提供指导与借鉴。

（6）要寻找读者需求的"痛点"，这也是手册编写的重点，比如工程技术人员对大致流程清楚，但细节不知道怎么做，问题、难题不知道怎么处理，等等。

（7）善于运用新技术手段（如二维码链接媒体资源），收集资料，扩充内容，解决手册体量限制的问题。

（8）一定要写对基层工程师最需要、最有用的内容，对于百度等网络上的内容、招标文件内容、施工组织设计中的内容，有选择、有提炼的使用，言之有物。

3. 全面性

手册无论在总体上还是各篇章，都要体现一定的全面性，但全面性不意味着面面俱到，否则就会主次不分、内容庞杂、重点不突出，起不到应有的效果。手册编写中，如能做到前文第四部分的要求，全面性应无问题。

4. 资料性

手册要资料丰富，各类主要技术资料、数据、标准都可以查到，相关的标准规范、工具书都可以索引到。

5. 工具性

手册编写中，要通过内容的安排，如临时结构计算、参数选取、案例处理、流程指导等，使手册具有一定的工具性，作为每一章节的编写人在谋篇布局时都要充分考虑。

六、需要特别强调的编写要求

1. 图片配置与使用

"图解"是提高知识点描述实用性、可读性、直观性的有效手段，因此在写作中应多配图。配图的目的是辅助进行知识点的说明，因此，图片要有效，比如构造图，要用文字、图片的配合说明构造及结构尺寸；流程图主要讲工艺流程；说明细部工艺的用"细部照片图"；提倡用一系列图片配合文字描述工艺过程;"设计图+成品图""质量好/缺陷"的对照图;阐释原理、方法的示意图,等等。

2. 多媒体资源的收集与运用

推荐在手册编写中,广泛搜集与知识点相关的多媒体资源与技术资料,在获得相应版权后,以二维码链接数字资源的方式在手册中运用。资源征集包括工程图片、工程录像、动画、工程实例以及其他有用的资料。各类资源要适用、有用,要经过加工处理,并在正文中注明链接位置。资源可尽量多,不限体量与数量。

3. 工程实例的使用

工程实践以及工程实例是确保手册实用性并可参照使用的重要方面,手册中应以丰富的实例来辅助说明技术工艺运用,实例使用要恰当、典型、准确。重要技术与工艺运用、常见问题处置、施工计算、施工组织、常用技术资料等等都需要工程实例。在正文中,为说明某个技术问题,可以选用小案例,也建议放一些比较大的、全的案例,以例证某项工程施工技术运用情况和实施效果。对于重要技术,建议收集各具特色的代表性的案例若干个,以数字资源包或二维码链接的方式予以呈现,以扩展手册内容容量。案例在纳入稿件前要经过加工处理,不能全盘照搬。各篇各类案例要统一范式。

4. 书稿编写中的起承转合

在编写过程中,各位执笔人要注意谋篇布局,通过行文逻辑体现各知识点之间、前后文之间的有机联系,避免割裂,规避跳跃式、重复式的阐述,表达逻辑严谨、层次清晰详略得当。在此基础上,重点做好文稿的起承转合。起——每篇、每章、每节以及每个知识点都需要有一个严谨练达的开头提纲领、开宗明义；承——严格按照逻辑关系层层展开，可以是总分式、递进式、因果式，不一而同；转——体现在各知识点之间的呼应与对照，知识不同呈现方式之间的铺陈与转折，过渡自然、有序；合——指的是概括性内容的撰写，可出现在开头亦可为结尾，写作时，不可以偏概全，更忌画蛇添足，是对前文有效内容的精辟凝练，旨在给予读者点拨或启迪。

5. 各篇章同类内容的交叉和衔接

要处理好各篇章同类内容的定位与内容编写，注意衔接和呼应，避免大量重复。有的地方是要集中写、展开写、详细写，有的地方只作为一个环节描述"动作"而不作详细阐述。

6. 纲目的编制和调整

（1）要根据手册定位和知识表达的要求制定编写纲目，最好到"目"，确立纲目的过程也是梳理编写思路的过程，俗话说"磨刀不误砍柴工"，纲目考虑的越深入越细致，后面编写工作越容易驾驭，以此纲目搜集资料、开展编写更为比较方便。

（2）纲目的编制需要"从上到下，自下而上"多轮讨论，主编和专家充分审定，反复调整几次；主编要从全局视角、专业水平、学科高度审视大纲，参编人立足实际内容进一步细化编写纲目，在此过程，执行主编要充分发挥组织协调作用，深入细致地理清篇章纲目、写作重点、亮点。

七、审稿与统稿

为保障手册编写质量，除确定编写管控流程、明确编写组织分工及相关职责外，强化审稿与统稿环节管控至关重要。

1. 审统稿工作要求

（1）如果各章、各篇分别由多人编写，各节完成后要进行分章的审统稿，由本章负责人完成；各章完成后要进行全篇的审统稿，由本篇负责人完成；全书也要有总统稿，由总统稿负责人完成。

（2）各位审统稿负责人要将审、统稿工作与编者的编写工作结合起来进行，要从内容框架、技术发展、行文逻辑等方面提出具体的修改建议、工作要求，协助编写团队提高编写质量。编写团队内部也要经常性地开展交流讨论，各级负责人各司其职，紧扣编写定位、编写目标、编写指导思想，由框架到细节、反复推敲完善，确保书稿的较高编写质量。

（3）各级审稿的工作目标：达到手册的总体编写要求和目标，达到较好的编写水平；满足内容编写与知识点表达的要求；符合图书出版的格式体例要求；各类问题得到解决，稿件完成修改（最好以记录表的方式进行问题提出和解决回馈）。

（4）统稿，是保障手册编写质量的最重要环节。在各篇完成初定稿的基础上，由各篇统稿负责人，对照手册的预定编写目标从专业角度及图书编写的角度，对书稿内容进一步修正、校核、补充、润色、完善、提升，体现手册编写的实用性、全面性、资料性、权威性、工具性，切实构建其核心技术体系。彰显主编单位在该领域的技术优势，为行业发展提供助力。

2. 编、审、统稿人的职责要求

（1）分章（节）编写执笔人员：确立、调整细化纲目；按手册编写要求完成初稿编写任务；按上一级负责人和审稿人的意见进行多轮稿件修改；按要求完成所负责稿件的自统稿；积极与上一级负责人或审稿专家沟通交流，参加编写讨论会，领会并执行编写意图。

（2）各篇编写负责人：领会手册总体编写要求，研究本篇编写特点和编写思路，积极与手册总负责人或审稿专家沟通交流，参加编写讨论会，确定本篇编写基本框架，并组织参编人员确定本篇纲目；组织参编人员按手册编写要求完成初稿编写任务；进行分章审稿，并与参编人员进行深入的讨论，指导编写人员的编写工作，对不符合要求的稿件及时安排编写人员修改稿件；组织参编人员按上一级负责人和审稿专家的意见进行稿件修改；各章初步定稿后，需对稿件进行审定，完成所负责稿件的全篇统稿；统稿完成后提交给总负责人和审稿专家审稿。

（3）手册编写总负责人：主持手册总体编写工作，确立手册总体编写要求，组织确定总体编写框架，与审稿专家一起调整、确定手册纲目；组织、主持编审讨论会，听取稿件编审情况和各方意见，决定编审方案；进行全书审稿，提出修改意见，并与分篇负责人进行深入的讨论，指导编写、修改工作；各篇修改定稿、审定通过后，按要求进行全书统稿；统稿完成后提交给统稿专家进行统稿。

（4）审统稿专家：协助审定大纲、稿件，对初定稿进行最终统稿。

3. 充分发挥集中办公的效率

在手册编写、统稿过程中，很多企业会采用集中办公的方式推进编写工作。对此，要注意发挥集中办公的效率。在此期间，执笔人的编写修改工作、篇章总负责人审阅指导，要有机结合，并以碰头会的方式反复讨论与修改，期间可以召开审稿会请专家和总负责人进行一轮审阅。

在组织上，应该遵循"集中宣贯编写要求→执笔人编写→篇章负责人审阅并提出修改意见或召开讨论会内审→执笔人再修改、负责人再审阅→内部定稿→请专家审阅、再修改直至专家认可→按篇章各单位自统稿"的流程，即反复的修改、审定直至定稿的过程。

八、结语

毋庸置疑，一部好的手册，是主编单位、行业专家、出版机构多方协作的产物，其中主编单位以及参编人员的专业水平、责任心更起到决定性作用。手册编撰中，要做好组织协调、任务分工，较好实现编写要求，各层级人员认真负责、工作到位，这些都是编好手册的保证。本文对交通土建类手册组织与编写工作中的经验进行了系统的总结，择重点予以介绍，供大家借鉴。

第 13 讲
科技图书编写工作的要点

如前所述，科技图书的类型包括了学术著作、工程总结、手册工具书、论文集、画册等。第 12 讲着重介绍了手册工具书的组织与编写要点，本讲将主要介绍学术著作尤其应用技术著作的编写要点。学术著作是作者根据某一学科或领域的研究成果而撰写的作品。这些作品或在理论上有创新见解，或在实践中有新的发明，或具有重要的文化积累价值。学术著作主要分为**基础理论研究**、**学术专题研究**、**应用技术研究**等三大类。目前行业内出版较多的学术著作主要为工程技术领域的学术专题研究类和应用技术研究类著作。

如前所述，促进学术共享、承继研究活动、发挥成果作用是学术著作的价值所在。然而，在近年的出版工作中，经常发现很多学术著作的交稿质量良莠不齐，不能很好地实现学术出版目标。具体表现为：写作不到位，内容泛泛而谈，对依托工程或科研成果的总结缺乏梳理、凝练与提升，未能从学科或工程技术发展角度构建先进技术体系，等等。这些问题恰恰反映了作者写作经验不足、对学术著作框架体系不了解。因此，在这讲中主要是从学术著作的特点及写作要求两方面，总结一下科技成果总结与书稿写作中常会碰到的问题，也是提请作者写作的注意事项。这些问题如能有效地解决或很好地避免，相信书稿质量会有一个较大幅度的提升。

1. 关于书名的确立

图书名是作品传播和读者了解图书的第一要素，图书名的确立务必要恰当。

（1）图书名要与图书内容相符，反映写作主题，能够很好地概括图书的主体内容。比如，肖明清所著《隧道支护结构设计总安全系数法》，最初的书名为"隧道支护结构总安全系数设计法研究"，根据书稿内容特点、名词术语搭配以及作者的写作意图，经商讨调整为现在的书名。

（2）图书名要与图书类型相符，科技图书包括学术著作、手册工具书、实用技术图书、指南、标准规范、论文集、资料汇编等不同的图书类型，其命名各有特点，要"名""文"相符。比如《隧道设计理论与方法》《地铁施工手册》《隧道施工要点集》《公路隧道湿喷混凝土施工技术指南》《公路隧道抗震设计规范》《王梦恕院士文集》等图书，书名都清晰反映了图书的类型。

（3）书名中名词术语使用要规范，不宜在书名中使用英文缩写和标点符号。如《隧道掘进机（TBM）施工手册》就比《TBM 施工手册》更为合适。

（4）书名可以包括正书名、副书名、丛书名、卷次（册次）、版次及说明书名的文字。

图书书名页上的文字信息及其编排格式，可参考《图书书名页标准》（GB/T 12450—2001）。

2. 关于作译者署名

（1）作译者名在 2 人以上时，应按顺序标明，一般不多于 3 人；如多于 3 人，超过的用"等"字表示，未署名的其余人员在前言中注明；若有主编、副主编时，一般封面只载有主编。

（2）作品的著录方式通常有"著""编著""编"，著作内容均来自作者的研究成果为"著"，借鉴他人资料但有作者创见的可称为"编著"，以收集他人资料重新编汇而成的为"编"。翻译类作品则有"译"或"编译"。形式上通常为"×××著"。

（3）如作译者较多，可设置编审委员会（编审合设）或编写委员会、审稿委员会（编审分设）等机构单独一页排版，丛书委员会名单在前，本书委员会名单在后。如图书项目组织工作繁冗，还会设置组织委员会。在委员会中通常会设有"顾问""主任委员""副主任委员及常务副主任委员""委员"等。编写委员会也可按主编、常务副主编、副主编、编委（参编）等设置。通常委员会也会设置秘书处负责日常工作。上述委员会及人员按实际编审情况酌定。

3. 关于辅文内容的写作

书稿除正文外，作者还需要撰写书名及署名页、内容提要、序、前言、目录、附录、本讲参考文献、索引、后记，其中序、索引、后记视作品情况决定是否设置。关于书名及署名的话题，前面已介绍；前言的写作要点，后面再作专题讲解。

（1）内容提要。是概述性文字，通常对图书背景、主要内容、价值意义、读者对象做简要介绍，供读者快速了解本书的内容、特点和对象。文字控制在300字以内。通常内容提要也会作为图书宣传推广中自动选用的文字内容。内容提要绝不是章节目录的摘抄，而是对全书内容、特点的精炼概括，力求简明扼要。读者对象要写得具体、确切。

（2）序。也称序言，这里指的是非作译者序，包括丛书序、本书序，没有固定的形式，通常是邀请相关领导或资深专家来撰写，可介绍行业概况、工程背景、图书写作出版的意义等。用合适的文章作"序"的，称为"代序"。

（3）目录。目录列到章后的1~2级标题。

（4）附录。收录本书必要的数据、资料，一般的不列入。附录多时可按"附录A""附录B"等一一列出。一定要连续，不能缺中间的序号。附录和正文中的"章"属于同一层级。附录中图的序号格式为，图A-1、图A-2等；表的序号格式为表A-1、表A-2等；公式的序号格式为（A-1）、（A-2）等。

（5）本讲参考文献。本讲参考文献只著录公开发表的最必要的文献，供读者延伸阅读使用。保密及交流的资料、说明书等非公开发表的不要列入。本讲参考文献的著录，具体按《信息与文献 本讲参考文献著录规则》（GB/T 7714—2015）执行。本讲参考文献是图书编写中出现问题较多的地方，请大家务必予以注意。

（6）索引。是为书中某些词语提供线索，指出其所在页码，索引可按汉语拼音字母、外文音序字母、笔画顺序等排列。

4. 知识点与知识表达

知识点是图书编写的基础单元，一本图书也可以认为是由数十、数百个知识点构成的。因此，知识点的表达或知识表达清晰、准确、完整，是确保图书编写质量的最基础工作。

从知识表达的角度说，作品的行文逻辑应基于新时期读者阅读习惯和知识获取的需求特点，在一定的篇幅范围内规划设计合适的方式呈现。对于不同类型的图书来说，知识表达有不同的规律特点，学术著作与实用性图书、手册工具书不同，设计类图书与施工类图书也不同，但其目的都是一致的，即通过各种知识内容的聚集讲清楚某个知识点。换句话说，所有的内容都是为说明某个知识点而存在的。

此外，图书编写中还要注意：

（1）在内容上，确保技术内容、数据、公式、图表的准确性。

（2）在表述上，确保语法准确、语句通顺、用词准确，没有错漏、标点符号、缺字少字等问题，避免内容重复、语句堆砌、逻辑性不强、层次不清、口语化、章节目次标题与内容不符、可读性不好等问题，全书在体例格式、名词术语、图表、公式、符号等方面达到相关出版技术规范的要求。

（3）作者想着重强调的非标题类正文内容，为了有助于阅读和表达，可以加黑或彩色的方式呈现，在排版中出版社可协助予以处理。

5. 关于内容架构与档题

图书内容的合理架构，也是对各个知识点的合理组织，是整个图书的骨架。大量实践表明，在编写工作初期，组织合理的大纲，确立好各章节编写指导思想，并在此基础上组织好编写分工，是非常重要的工作。实践证明，前期工作做得好，后续编写工作事半功倍。

要根据图书编写定位和知识表达的要求制订编写纲目，最好到"目"，确立纲目的过程也是梳理编写思路的过程，俗话说"磨刀不误砍柴工"，纲目考虑的越深入越细致，后面编写工作越容易驾驭，以此纲目搜集资料、开展编写都比较方便；纲目的编制需要经过一轮由上到下，再自下而上的商讨，经主编和行业专家充分审定，反复调整几次；主编要从全局视角、专业水平、学科高度审视大纲，每章节的参编者要结合编写指导思想梳理写作角度与写作深度，斟酌论述逻辑，匹配支撑性的工程资料、数据、文献，进而细化纲目。

各章之下，节、目内容架构要注意分层，顺序递进或展开，使内容表达更加清晰合理，主次分明，易读易懂；目下内容的写作宜按点进行条目化列出，表述凝练，协调均衡。

与上述工作相结合，要不断修改润色各级档题（包括章名），使其短小精炼，题文相符，达意准确。章节等的各级标题应能概括其所属内容，标题应简明扼要、语法准确，字数不宜过多。注意，上下级标题不能完全一样，上一级标题应包含下一级标题。

6. 书稿编写中的起承转合

在编写过程中，作者要注意谋篇布局，通过行文逻辑体现各知识点之间、前后文之间的有机联系，避免割裂、规避跳跃式、重复性的阐述，表达逻辑严谨、层次清晰。具体体现为做好文稿的起承转合。

起——每篇、每章、每节以及每个知识点都需要有一个严谨练达的开头，章首语或节首语。

章首语的写法，提供以下思路供参考：

（1）开宗明义，说明本章是什么、解决什么；

（2）提纲挈领，介绍本章主要内容；

（3）有的放矢，介绍前沿趋势或其他需要读者深入了解的其他问题。

承——是对本章内容的有序铺排与精心设计，体现为对主旨内容/核心观点的系统、全面、准确的呈现，既可以面面俱到的阐述，也可以图文并茂的演绎推导，还可辅以典型鲜明的事例、算例、案例等，渐次深入拓展知识呈现的维度。

转——体现作者对书稿行文逻辑的驾驭，表现为独到的写作角度、通透的论述深度、植根于学科发展的高度，宛若一张无形的思维导图，引领读者于峰回路转处，见柳暗花明。具体案例可参考李广信教授《岩土工程50讲》《漫话土力学》。

合——是指作者对前后文内容呼应关系的设计，绪论或概述的内容要与后面章节具体内容呼应，数值分析、监测数据的内容要与技术方案对应，原理、定义的应用在例题式工程案例内容有精准的体现。

7. 关于绪论（概述）的写作

作为学术著作（应用技术著作），一般在开篇设置绪论一章，起到开宗明义、提纲挈领的作用。具体写作等角度和内容设置，提出以下建议供参考。

1）绪论的主要内容

绪论是书稿中前置性、总体性介绍的内容，一般介绍本书内容编写的背景和意图，可包括：

（1）国内外发展现状（进展）介绍及研究综述（述评）。

（2）当前特定情形下的需求（或问题提出，面临的挑战）。

（3）本书作者对此的思路、对策、观点，本书基于相关研究提出的先进理念及其对应的技术运用体系或运作系统框架。

（4）正文内容展开所需要的前置内容的简要介绍以及作者拟表述的其他内容。

2）绪论写作的特点

学术著作的绪论，不应简单的写成工程概况介绍，在具体写作时应体现以下特点：

（1）绪论具有"总述"的特点，是在学科体系框架下，对本领技术或研究成果的总体把握的基础上，结合工程实践中的先进理念与做法、创新技术，凝练、提升，构建出本书的主要框架体系，尤其对重要成果的前因后果、主要观点表达清楚。

因此，绪论内容尤其应避免未经提炼消化的泛泛而谈，或者内容的简单拼凑与堆砌，规避科普化的过于简要的描述。对于重要内容、核心观点可做适当展开，有些总括性内容是要阐释清楚、言之有物、概括精准的，有些前提性知识或后面会用到但不再叙述的，也可在此详细介绍的。以上需作者通盘考虑，仔细斟酌取舍，详略得当，重点突出。

（2）国内外发展现状（进展）介绍及研究综述，忌流于形式、有同于无。发展现状应侧重于"进展"，既是为本书的创新与突破做铺垫，同时也是帮助读者理清学科/技术发展前沿与趋势。具体在写作过程中，可以结合典型工程应用，分阶段介绍；也可以结合文献做深度综述，细分专业领域或方向进行述评，有评、有论、有分析、有探究，旨在为本书的核心观点或创新技术提供支撑。同时，发展现状的最新实际应用情况，要"实"，要用最近几年的资料和内容，老旧资料不适宜。

对于国外现状侧重于"新"和"先进"，老旧资料可不用，有些新技术适度展开，让读者基本清楚其技术发展脉络及应用情况，要达到周知和了解并有意愿进一步借鉴的目的。

（3）绪论有提纲挈领的作用，后续章节在此基础上展开（启下），内容表述具有相关性。

（4）绪论的写作，"言之有据、言之有理、言之有力"。既需要严谨、准确的引经据典，如出现的定义、术语、数据、事件、年代、单位、人名等应经过考证，一般来自权威性文献资料，不应随意使用百度等网络查询结果。同时也需要作者对相关专业方向有深入的了解、高度的凝练（可采用图片、思维导图、表格对比等方式替代冗长文字），反映行业或技术的进展、趋势、前沿，体现旗帜鲜明的观点、自成一派的体系，支撑作为学术著作的权威性、实用性、先进性。

在具体执行时，每本书需要结合书稿内容及专业方向确定合适的绪论写作角度与表现方式。

8. 合理运用外文资料

外文资料需要经过二次加工、整理再运用，使其与本书其他内容风格一致，有机融合，并符合国内的应用特点，同时也要避免出现版权问题。图中的外文要翻译成中文，文字风格要符合中文阅读习惯。

9. 图片配置与使用

"图解"是提高知识点描述实用性、可读性、直观性的有效手段，因此在写作中提倡多配图。图片选用的基本原则是要有效。比如构造图，要用文字、图片的配合说明构造及结构尺寸；流程图主要讲工艺流程；说明细部工艺的用"细部照片图"或二维、三维图片；描述工艺过程时也可以遴选关键节点的系列图片配合文字说明；"设计图" + 成品图、"质量好 / 缺陷"的对照图；阐释原理、方法的示意图，等等。

10. 多媒体资源的收集与运用

为丰富知识点表达的广度和深度，可广泛收集与之相关的多媒体资源与技术资料，以二维码链接数字资源的方式在图书中运用，既是对书稿内容的拓展，也可为读者提供更丰富的阅读体验。多媒体资源包括工程图片、工程录像、动画、工程实例以及其他有用的资料。此类资源选择也应把握适用、有用的原则，经过加工处理后，载入文中恰当位置，资源可尽量多，不限体量与数量。

11. 工程实例的使用

工程实践以及工程实例是支撑图书实用性的重要组成部分，图书中应以丰富的实例来辅助说明原理、方法、技术、工艺的运用。实例使用的原则是要恰当、典型、准确。一般来说，重要技术与工艺运用、常见问题处置、施工计算、施工组织、常用技术资料等等都需要工程实例来进一步说明。工程实例 / 案例按篇幅分为小案例和大案例。在行文中为说明某个技术问题，可以选用小案例，短小精炼，三五句话或者一段内容简要佐证，比较大的、全的案例，用以表现相关技术的要点、参数选择、计算方法、实施效果等。写作中可以多收集一些各有代表性的案例，以数字资源包或二维码链接的方式予以呈现，可以扩展图书内容容量。

案例在纳入稿件前要经过加工处理，不能全盘照搬。各篇各类案例要统一范式。列入图书中的工程案例，应经过编写人员的归纳、梳理、简化，建议：

（1）工程概况只写与表达主题相关的内容；

（2）案例须有结论性意见，主要写面临的问题、解决的措施、重要指标、综合效果等等。

（3）案例内容的表述与前述拟例证内容之间，既要前后呼应、做好衔接，又要避免内容的简单重复。

（4）对于可能涉密的工程，主编应严格把关，确保案例出现的图片、工程名称等均经过处理，专注于工程技术问题处理内容的表达。

12. 各篇章同类内容的交叉和衔接

编写人员应统筹规划各篇章内容的写作深度，尤其应处理好各篇章同类内容的定位与内容编写，注意衔接和呼应，详略得当，重点突出，避免大量重复。着重考虑哪些章节要集中写、展开写、详细写，哪些章节只作为一个环节描述"动作"而不作详细阐述。同时，做好与之对应的支撑素材的布局。

第 14 讲

"前言"怎么写——写作建议及参考示例

前言,是作品的"门面",是作者与读者建立链接的第一印象。总结我的图书编辑出版经验,发现很多作者不重视前言的撰写,或者写作经验不足,以致所撰写的前言并不理想。因此,在本讲主要从出版的角度介绍一下前言的写作思路。

前言的写作目的,主要是为了帮助读者了解图书写作的背景、目的,了解作品的主要内容、价值及其创见性,了解作品编写者的基本情况。当然,视写作需要,前言中还可以介绍作者想表达的其他方面内容,比如著作内容来源的研究及资助情况、所涉及工程的基本情况,等等。

因此,前言应着重体现作者的写作目的,通过主旨明确、逻辑清晰的表述,让读者迅速了解作品的价值,激发阅读和深入学习的兴趣。换句话说,针对书稿,编写者希望传递给读者的信息,就是前言的主体。

前言的内容撰写,按写作顺序,有如下建议:

(1)关于写作背景与写作目的。就科技图书而言,通常从行业需求和技术发展两个方面以顺延的方式介绍写作背景,进而提出写作目的。

(2)关于作品内容。包括成书思路和主要章节内容(内容架构),也可撰写本书的价值、创见性或主要特色。写作目的亦可放在此后撰写。

（3）关于编审分工。对于非一人独著或主编的书稿，通常要讲清楚主编单位或主要著作者及编写分工。编写分工的介绍通常要包括分工者的单位、姓名、编写章节。如有审稿人，还要介绍审稿人的情况。对于为书稿写作做出贡献的其他人员，也要在前言中提及。

（4）关于致谢和谦辞。前言中合适的位置，通常在文末，要对相关书稿贡献者进行致谢；最后，要有一段谦辞。

下面提供两个示例，谨供参考。

附件　前言写作参考示例

《山区道路山地灾害减灾技术》前言

我国山地（包括高原和丘陵）面积约有666万km^2，占陆地国土总面积的69.4%。山地特有的能量梯度和环境梯度使其成为泥石流、滑坡、崩塌、雪崩、土壤侵蚀、山洪等自然灾害的发育区。这些山地灾害，通过冲击、冲刷和淤（堆）积过程，摧毁城镇和乡村居民点，破坏道路、桥梁和工程设施，淤塞河道和水库，严重威胁山区人民生命财产与公路、铁路等工程安全，制约山区资源开发与经济发展。受自然灾害影响，资源富集的山区成为"中国地形上的隆起区和经济上的低谷区"，成为集中连片贫困区，减轻山地灾害是构建山区人与自然和谐共存格局，实现社会经济发展的基本保障。

"道路通，百业兴"，公路、铁路等道路运输在我国山区综合运输体系中占据主导地位，对山区发展起到引领和支撑作用。然而，山区道路沿线泥石流、滑坡、崩塌等灾害分布广泛、暴发频繁、灾害严重，其影响贯穿于山区道路从选线、设计、施工到建成运营的全过程，往往形成一处受灾、全线瘫痪的局面。据有关部门统计，2018年全国山区道路灾害共计504处，造成直接经济损失1.85亿元，约占全国地质灾害总损失的12.6%；2019年全国山区道路灾害741处，直接经济损失6.7亿元，约占全国地质灾害总损失的24.2%。全国铁路沿线分布着崩塌近万处，大中型滑坡1 000多处，大型泥石流沟13 864条，有数千公里长的铁路线路面临山地灾害的威胁。这些线路灾害种类多、分布广、密度高、规模大、暴发频繁、危害严重，常常毁坏路面、冲蚀路基、冲毁桥梁、淤塞涵洞，造成巨大损失，形成许多"天险"路段，长期制约山区道路的通行能力。伴随交通基础设施进一步向西北、西南山区推进，活动强烈的灾害是制约山区道路高质量建设和安全运营的重要因素，对山区道路灾害防治的理论与技术提出了新的需求。

基于作者团队多年对山地灾害的原型观测、理论研究和工程治理实践，针对目前山区中低等级公路（国道、省道、县道、通村路等公路，重大工程临时施工便道和进场道路）和普速铁路减灾防灾缺少比较系统、便于查阅的实用参考资料这一状况，本书旨在对山区低等级道路减灾领域存在的问题进行梳理，根据目前山区低等级道路文献回溯比较困难的情况，对前人的研究成果进行了比较系统的概括和总结，形成我国山区道路山地灾害理论与技术体系。同时，梳理山区道路灾害防治中的主要问题，提出新的减灾理念，并结合可操作的减灾技术，发展新的道路减灾模式和支撑技术，希望借此提升我国山区低等级道路灾害防治的科技支撑能力。

本书分4篇，共16章，系统阐述了山地灾害（泥石流、滑坡）的区域规律、形成机理、活动特征、成灾机制、监测预报、危险性分析，以及灾害防治工程的理论与技术；提出了低等级山区道路工程泥石流、滑坡等山地灾害防治的系统技术。同时，作者也希望在介绍系统实用的山区道路泥石流、滑坡防治技术的基础上，促进新理念和新技术在山区低等级道路灾害防治中的应用，为构建山区交通廊道，建成安全、便捷、高效、绿色的现代综合交通运输体系提供减灾方面科技支撑，为"一带一路"沿线基础设施建设提供科学的防灾减灾技术，也希望服务于应对即将实施的川藏铁路工程建设所面临的重大挑战——频发的山地灾害、脆弱的生态环境。

　　本书第1~3章由崔鹏编写；第4章由陈宁生编写；第5章由陈宁生、崔鹏（5.5节和5.6节）编写；第6章由崔鹏编写；第7章由陈宁生编写；第8章由陈晓清、陈剑刚（8.7节）编写；第9~12章由王成华、邓宏艳编写（其中溜砂坡相关内容为王成华与张小刚的共同成果）；第13章由李尧、何易平编写；第14章由邹强、向灵芝编写；第15章由崔鹏（15.1节）、郭晓军（15.2节）、邓宏艳（15.3节）、陈宁生（15.4节）编写；第16章由邓宏艳、王成华、蒋忠信（16.5和16.6节）编写。全书由崔鹏、邓宏艳统稿、审阅并修改；中国科学院水利部成都山地灾害与环境研究所谢洪和西南科技大学陈兴长审阅了全稿并提出了修改意见。

　　在本书即将出版之际，谨向所有作者、审稿专家、编审、协助编写和作图的研究生，国家出版基金项目以及人民交通出版社股份有限公司的编辑致以衷心的谢忱！同时感谢对本书提出宝贵意见和建议的各位读者！

中国科学院院士　崔鹏

2020 年 04 月 20 日

《隧道支护结构设计总安全系数法》前言

隧道及地下工程学科是一门以服务工程建造为目标，基础理论研究与工程实践经验密切结合的学科，历经国内外专家学者多年的努力，该学科在原岩应力、围岩物理力学性质、工程现场测试与模型试验、理论分析与设计方法、支护材料与施工技术等各个方面的研究与实践都取得了很大的进展，为隧道及地下工程行业的技术进步发挥了重要的推动作用。尽管如此，受各种因素影响，很多理论与方法在实际工程建设中仍然难以广泛应用，以致我国铁路隧道和公路隧道的设计规范中至今仍推荐采用"工程类比法"进行支护参数设计。

2007年7月，郑西高铁南山口隧道发生了长达109.3m的塌方，成为我国高速铁路隧道自2005年开始建设以来最大规模的塌方。由于当时正值我国大规模建设超大断面铁路隧道，因此事故分析会议中提出了一个严峻的问题：初期支护究竟能够承受多大的荷载？如何证明设计是安全的？该问题直指隧道设计现状的痛点，也提出了初期支护承载能力及安全系数计算的问题。为此，作者经过十年的研究和思考，于2017年提出了总安全系数设计法及其计算模型，又和研究团队经过两年多的深化与完善，初步形成了目前的总安全系数设计法。在深化与完善阶段，作者通过与各方面专家交流以及以大型学术会议报告等方式，累计17次向600余人次广泛咨询和征求意见，为设计方法的形成提供了极大帮助。本书所建立的"隧道支护结构总安全系数设计法"希望能将复杂问题简单化，并对隧道支护参数定量化设计有所帮助，希望将隧道设计方法由"类比为主、计算为辅"转变为"计算为主、类比为辅"。

本书共分成9章。第1章是绪论，介绍了隧道结构计算理论的发展与分类、我国隧道支护结构设计方法的现状与问题、总安全系数设计法的内容构成等。第2章介绍了隧道临界稳定断面的概念、计算方法、案例分析，以及如何采用临界稳定断面分析方法来判断隧道是否需要支护。第 3 章介绍了现行围岩压力计算方法存在的问题、采用围岩压力设计值作为设计荷载的必要性与可行性、围岩压力设计值的计算方法等。第 4 章介绍了总安全系数设计法的结构计算模型、支护结构总安全系数计算方法与取值建议、全周设置系统锚杆支护体系和长短锚杆（锚索）组合锚固体系等特殊情况的结构计算方法、多种荷载作用下多层结构支护结构设计方法等。第 5 章介绍了初期支护变形计算方法、变形监测控制值计算方法以及支护参数现场调整方法等。第 6 章以时速 350km 高速铁路双线隧道为例，采用总安全系数设计法对不同支护结构形式的适用性、二次衬砌承载能力、支护参数优化、Q 法支护参数应用的安全性分析等研究成果进行了介绍。第 7 章基于总安全系数设计法，对既有铁路隧道和高速公路隧道的安全性进行了分析，并介绍了总安全系数设计法在隧道断面形状与支护参数优化、高地应力软岩大变形隧道支护参数计算、超大跨度隧道支护参数计算等方面的应用研究。第 8 章基于采用总安全系数设计法，对当前几个热点和争议问题进行了探讨，包括设计理念、锚杆有无作用、复合式衬砌初期支护与二次衬砌承载主体区分、支护参数优化、钢架设置与钢架保护层、喷射混凝土早期强度、支护型式选择等问题。第 9 章介绍了有待进一步研究的问题。

在总安全系数设计法研究和本书编写过程中，得到了很多专家和同事的帮助。中国工程院院士梁文灏，武九铁路有限责任公司王志坚，西南交通大学何川、王明年及其团队，中国国家铁路集团有限公司赵勇、田四明、肖广智、林传年，中国科学研究院武汉岩土力学研究所盛谦、朱泽奇、崔岚，同济大学刘学增，中铁十一局集团有限公司张旭东，青岛国信集团曲立清、李翔等各位专家都给予了悉心指导；中铁第四勘察设计院集团有限公司朱丹、韩向阳、资谊、张长能、龚彦峰、刘浩、薛光桥、蒋超、邓朝辉、孙文昊、杨剑、焦齐柱、王春梅等领导和同事不仅为研究提供了极大的便利条件，而且对研究成果的完善提出了很好的建议；中铁第四勘察设计院集团有限公司隧道设计研究院王克金、陈立保、王少锋等同事参与了部分计算与案例分析研究工作。在此谨向上述专家、领导和同事的支持和帮助表示诚挚的感谢！此外，还要特别感谢我的研究助理徐晨，他不仅参与了深化与完善阶段的全部研究工作，完成了绝大部分计算工作，而且参与了本书第 2 章、第 3 章、第 7 章的编写以及书中大量内容的复核计算、制图与校对工作。

还需说明的是，本书在编写过程中，对作者以往发表的相关论文进行了校订，因此论文中与本书不符之处，以本书为准。

探索一个新的设计方法，无疑会存在理念先进性、方法科学性、参数合理性等诸多方面的争议，同时由于作者水平有限，书中难免有差错、遗漏和不足，敬请专家和读者不吝赐教，多提批评指导意见，以利修正。

肖明清

2020 年 3 月

第 15 讲

常用的写作与出版规范

"不以规矩,不成方圆",相对于工程技术人员工作中遵循的各类标准、规范、暂规、指南而言,书稿编写中应遵循的规则相对简单却琐碎,在此做一简单分类罗列,以便查考。

一、名词与术语

科技名词伴随科技发展而生,是概念的名称,承载着知识与信息。是科技知识得以传承的载体。学术出版尤其重视名词术语的规范化。我们知道,一个学科的概念体系由若干个科技名词搭建而成,所有学科概念体系整合起来,就构成了人类完整的科学知识架构。如果说概念体系构成一个学科的大厦,那么科技名词就是其中的砖瓦。

具体写作中,要依据全国科技名词审定委员会审定公布的各学科各类名词,也可查询其线上术语服务平台"术语在线"。同时,还要遵循相关国家行业、团体标准中有关术语的规定,确保同一术语的用法全书一致。

(1)书稿中的名词、术语及名称,凡已有中文名称、常见而不易混淆者,采用中文名称;易混淆或不常见者,在书稿中首次出现时在该名词之后括号中注出外文原名。英文缩写名称在文中首次出现时,加注括号标明英文全称以及中文释义。现已废除的名词术语,首次使用时必须在括号注出其现代名称。

（2）有关地质时代和地层名称，须按照全国地层委员会《地层规范》处理。

（3）表达同一概念的名词、术语全书必须统一。

（4）涉及的公司、企业、机关和地方等名称在首次出现时，必须使用全称。若需用简称，必须在括号中做出说明，如：北京大学（以下简称"北大"）。

（5）钢筋符号的表达方式，务必规范（可以用 HPB235，HRB335 等表示，如用钢筋符号，务必用 word 字体库的正确符号）。

（6）不建议在出版物中使用的名词术语：砼（混凝土），容重（重度），重量（重力），粘土（黏土），菱型（菱形），碴（cha）土（渣土）（出渣），人仓（人舱）。括号内的为正确用法。

（7）需要辨识使用的名词术语：浇筑/浇注，含水量/含水率，标高/高程，涡轮/蜗轮。

蜗轮/涡轮的辨析

涡轮　　　　　　　turbine　　　　　　　机械工程（一）　　　　2021

定义：向工作机输出机械能并使工作液体动量矩发生变化的叶轮。
学科：机械工程（一）_传动_液力传动_叶轮及结构参数
来源：《机械工程名词 第一分册》（第二版）

蜗轮　　　　　　　worm wheel　　　　　机械工程（一）　　　　2021

定义：作为交错轴齿轮副中的大齿轮，与配对蜗杆相啮合的齿轮。
学科：机械工程（一）_传动_蜗杆传动_一般名词
来源：《机械工程名词 第一分册》（第二版）

二、引文

（1）引文是作者直接引用他人的文字或谈话，以引号标明起止。所有引文都必须认真校核，并尽量引用原始文献。引文应准确地说明出处。

（2）与作者行文联系紧密的少量引文，直接插在行文中。大段引文（可以包括若干自然段）可以写成单独段落，左右两端缩进二个格写，开头缩四格，可不再使用引号。

（3）插在行文中的引文，须注意后引号前标点符号的正确使用。一般情况下，当引文是完整句子时，后引号前的结束标点（句号、问号或惊叹号）保留；当引文不是完整句子时，后引号前不使用任何标点符号（省略号除外）；当完整句子的引文被拆分成前后两部分，中间夹写作者的话时，前半部分引文的后引号前，一般需要加逗号之类标点符号。

三、注释

（1）对正文中提到的某个问题做补充说明或解释的文字和引用文献可作为脚注处理。

（2）所加脚注，按在同一页出现的先后，在正文需注明出处文字的右上角依次写上带圈码的阿拉伯数字序号，如①、②等。写在页下脚注文字前的序号应与正文相应加注处的序号相同，但采取平写形式。

（3）在正文与注文之间要用一条约6cm（10个字）的脚注线隔开。

（4）当一种文献被多次引用时，可在首次引用时加注"凡本书（或本章、本节）未注明出处的引文皆出自此文献"之语。

（5）脚注序号的位置应紧靠被注释文字之后。当被注文字后紧跟有标点符号时，应根据被注释的内容确定脚注序号放在标点符号之前或之后（通常只有注释数句话的内容或一段话的内容时才放在标点符号之后）。

（6）脚注文字第一条独立写成一段，脚注序号缩进两个字，转行时下一行顶格书写。

（7）说明中加注文献的注释书写格式为：

① 关宝树《隧道设计要点集》（人民交通出版社，2003年，第47页）认为……

② 莱布尼茨二进制最晚在1679年已经形成。参见：维特迈耶编，《莱布尼茨中国通信集》，法兰克福，1990年，第182页。

（8）本讲参考文献的书写格式，详见《文后本讲参考文献著录规则》（GB/T 7714—2015）。

四、标点符号

出版物中严格执行《标点符号的用法》（GB/T 15834—2011）。针对书稿中常用易错用法。整理如下：

（1）括号：用括号中的文字做补充说明时，放在说明对象的后面，括号内结尾不加标点。一般用圆括号（），有双重括号时，可在圆括号外加方括号[ ]。

（2）省略号：省略号一般用两个三连点"……"，占两格。数列中的省略号只有一个三连点"…"，前后加逗号。如"a_1，a_2…，a_{10}，a_{11}"。

（3）黑圆点：中文古籍书名与篇名合用中圆点，如《清史稿·何国宗传》。

（4）破折号（——）在稿纸上占两个格，主要用于：①公式中符号的解释，r——半径；②表示同义词；③表示后面是注释部分。

（5）连接号（-）在稿纸上占半个格，主要用于：①复合名词，如：焦耳-楞次定律、铁-镍合金等；②图、表、公式的序号，如：图3-2、表5-3等；③产品及材料型号，如：东风-12型。

（6）范围号（—）在稿纸上占一个格，主要用于数字间、地名间以及表示多少至多少、甲地至乙地等。如：北京—天津，1978—2012。

（7）书名号：书籍、报刊、文章、地图、绘画等题名，一律用书名号（《……》）。

（8）引号：引号套引号时，外用双引号（""），内用单引号（''）。

（9）其他符号 ①温度：写为"60℃~70℃"而非"60—70℃"；②角度：写"60℃~70℃"而非"60—70℃"；③百分比：写为"15%~20%"而非"15—20%"；④硬度：写为："HRC20~30"而非"HRC20—HRC30"。

（10）中文的并列字、词请用顿号分开，阿拉伯数字及外文的并列字、词请用逗号分开，如50，60，80；A，B，C等。

五、公式、方程、反应式

（1）重要公式、方程、反应式以及其他比较繁杂的式子，一律另行居中写。形式简单的一般式子可直接写在文字行中。

（2）过长式子（包括连等式）转行时，应尽可能在等号处转行，只在下行前写等号（尽可能与上行第一个等号对齐）；其次，可选择在加减号处转行，只在下行前写加号或减号（与上行第一个等号右侧符号对齐）；再其次，可在乘号处转行，只在下行前写乘号（叉号或中圆点）。

（3）公式编号用圆括号括起，放在公式右边行末齐版口处。几个并列公式（如联立式）使用同一个编号时，用一个右半边的大括号把这几个公式上下括起来，共同编号放在右边行末上下居中位置处。

（4）紧附公式、方程等的说明式（如条件式）或简短注解文字，可在公式后加一逗号，空两格。写在同一行；或在公式后空两格，加括号，写在同一行。

（5）式中物理量符号的意义，破折号注释方式列出，同时标注单位。

（6）数列中间的省略部分，用三个省略点表示，而且前后都必须保留逗号，如"1，2，…，m"。

（7）数学符号：常用的数学符号及其规范用法，可参考《物理科学和技术中常用数学符号》（GB 3102.11—1993）及国际标准 ISO 31-11：1992《量和单位　第十一部分：物理科学和技术中使用的数学标示与符号》。

（8）公式中的所有变量，在上下文中应有解释，尤其关键变量（符号）应给出解释，并明确其单位或取值范围。

$$F=ma$$

式中：m——物体质量（kg）；

　　　a——加速度（m/s^2）。

六、量和单位

计量单位原则上一律使用法定计量单位名称（西文符号）；特殊情况下必须用非法定单位时，可以在括号中注明法定计量单位值或在其第一次出现时用脚注说明换算关系。

物理量用斜体，例：黏结力——c；重力——W（kN）；力的单位不能是吨或千克。

计量单位用正体，例：MPa，kPa；kN，km，cm/s。

七、数字用法

（1）科技书稿中，时间、分数、倍数、比数、百分率、度量衡以总表示数量、编号等数字都用阿拉伯数字。注意时间不能用代名词表示，如"明年""上月""本月""昨天""最近""近期""不久""以前"等等，要用具体的年月日表示。

（2）数字该采用汉字还是阿拉伯数字，看前后文或书的具体情况而定。重要的是要注意得体和统一。一般来说，表示精确的数字宜用阿拉伯数字；表示概略的数，特别是整十、整百、整千、整万的概略数，往往用汉字较好。

下列情况通常使用阿拉伯数字：①公历世纪、年代、年、月、日和时刻；②图号、注码、引文标注中版次、卷次、页码，除古籍应与所据版本一致外，一般均使用阿拉伯数字；③"中华民国"纪年和日本年号纪年。

下列情况通常使用中文数字：①夏历和中国清代以前历史纪年用汉字，但通常在括号中注明公元纪年，如：清咸丰十年九月二十日（1860年11月2日）；②星期几一律用汉字；③数字作为词素构成定型的词、词组、惯用语、缩略语或具有修辞色彩的语句，例：十滴水、八国联军、四氧化三铁、四部丛刊、相差十万八千里等；④邻近的两个数字（一、二……九）并列使用，表示概数（连用的两个数字之间不能用顿号隔开），例：二三里；⑤中国古籍的卷次、页码等。

（3）数字的增加或减少要注意下列用词概念：①"增加到原来的2倍"，即原来是1，现在为2；②"超额80%"，即定额为100，现为180；③"降低到80%"，即原来为100，现为80；④"降低了80%"，即原来为100，现为20；⑤减少和降低不能用倍数表示，只能用"降低（或减少）百分之几"。

（4）不能随便增删数字前后的"近"、"多"、"约"、"左右"等表示概数的词，它们也不能同时用在一处，如不能写作"约180左右"等。

八、表格

（1）稿中的表格与书后面的附表，其内容与正文应有直接联系，无关部分和无直接关系者尽量省略。

（2）图表号用阿拉伯数字表示，表号可按每章节流水，如第一章第一节文内的表格依序为"表 1-1-1、表 1-1-2"等。表序号统一居表右上角。

表题要求简明、具体、贴切，位置居中。应尽可能使用四线表。

国际单位制的辅助单位   表4-1-1

量 的 名 称	单 位 名 称	单 位 符 号
平面角	弧　度	rad
立体角	球面度	sr

××××××××××××   表4-1

重度 γ （kN/m³）	含水率 w （%）	黏聚力 c （kPa）	内摩擦角 φ （°）	温度 t （℃）	地质年代 （世或统）	年代 （距今）
					Q_4^1	1.3~0.75 万年

注：1. ××××。
  2. ××××。

（3）在文稿中，应按先见文、后见表的顺序。在文中必须有相应的引词，即每个表要有"见表 ×"。表中数据的单位一般注在表头右上角。

（4）表内文字说明起行空一字，回行顶格，句末一律不加标点。表内数字和文字有连续重复时，不宜用"同上"或"同左"等表示。

（5）对表格的注释应接排在表下。

（6）需要转页的表，转页部分不再写表序和表名，但要重复写表头，并在表头右上方写"续表"二字。要尽量少用转页和不用插页表。有的大表则可排成蝴蝶页或插页，即把一个表放在两个页码上，但必须是先排双数码，再排单数码。

统稿应按顺序逐一检查表的顺序号是否正确，若有差错，不仅表序号要更正，正文及表图中相应的序号也应同时更正。

九、图稿

1．选图标准

总体要求大量使用图表表达。但对于能用文字阐述清楚的内容，就不必配插图重复说明；不能起到以图助文作用的，也应舍弃不用；图号要求不缺，不可重号，不应有号无图或有图无号。图号、图名、图注齐全。

2．插图在文稿中的表示方法

与"表"相同，如第一篇第四章中第一节内的图依序为：图 4-1-1，图 4-1-2 等。

文稿中插图的位置应按先见文、后见图的顺序，避免出现有图但无对应文字的情况。例如，"见图×"等字样的图引词先在行文中出，然后画出相应插图。图号、图名、图注后一律不加标点。引用的图应注明出处。有些图有分图号，一般用"a）、b）、c）"等小写正体并加半括号表示。

在正文中引用图号时，用类似"见图 4-1-1"的方式标明，引用时图号不加括号。

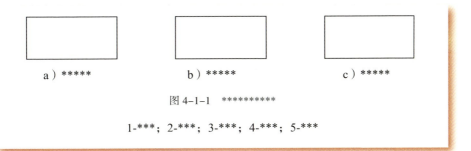

图 4-1-1　**********

1-***；2-***；3-***；4-***；5-***

图中数字标注应按顺时针方向排列，数字的解释应放在图名的下方。图中的外文务必翻译为中文。

3. 对图稿的一般要求

插图要清晰、整洁、图中粗、细线分明，图字清晰。对于照片图和CAD图，要给出JPG格式的原图和CAD软件原图；要单独建一个文件夹，文件夹中的原图的编号要与书稿中的图号一致。

对于照片图，凡背景杂乱、反差太大或太小，均不能使用。照片图应为作者本人所有，或者取得原作者的授权，且不得侵犯他人肖像权。

凡彩色图，作者应另外提供完整、定稿的彩色图文件。

全部图定稿后，应仔细检查各图顺序及文中引述的图号是否与图上所注图号对应。

十、规范与统一

（1）对应：目录与正文标题、标题与内容、文与图、文与表、文与公式、页注与注释内容、图字代号与图注、书中前后内容要对应。

（2）避免重复：图和表，不要重复出现，如后文需要引用前文中出现过的图和表时，直接给出图和表的编号即可。公式，不要重复编号，只在第一次出现时编号即可。文字，避免在不同的章节出现大段的重复。

（3）统一：名词术语、符号、代号、计量单位要全书统一。

（4）严谨规范：

国家标准和行业标准，均应采用现行版本。

例如，《铁路隧道设计规范》（TB 10003—2016）。

地名：应采用最新名称。如果采用旧地名，必须在其后面给出对应的新名称。

国外机构、名词、变量的外文缩写首次出现时，应在其后给出英文全称及中文名。

例如，ITA（International Tunnelling and Underground Space Association，国际隧道与地下空间协会）；CBR（California Bearing Ratio，加州承载比）。

外文人名：翻译成中文的外国人名，首次出现时，应给出英文名。

例如，肯尼迪（John Fitzgerald Kennedy 或 J.F.Kennedy）；达尔文（Charles Robert Darwin 或 C.R. Darwin）。

正斜体：

a. 计量单位、某些数学符号、化学符号、电气技术中的符号，用正体。例如，N、m、km、kg、℃；Fe（铁）、Si（硅）；π、$\sum$、$\int$、Δ；A（放大器）；Q235 等。

b. 物理量、变量、几何元素、坐标等，用斜体。例如，$F=ma$，$y=x^2+1$，$\triangle ABC$，点 A，截面 B，x 轴，xOy 坐标面等。

上下角标：角标一定要区分清楚，不要平齐排。

上角标表示次方时，用斜体；下角标表示序号时，用斜体。

十一、正文格式范例

正文的格式体例，应全书统一。以下给出参考范例：

第 4 章　隧道的照明

4.2　照 明 质 量

4.2.2 影响视觉的主要因素

　　5）环境亮度的影响

　　（1）××××××　　　　（前空两字，标题是否占行，视情况而定）

　　① ×××××××××××。（前空两字，标题不占行，后接排正文）

　　a.××××××××××。（前空两字，标题不占行，后接排正文）

　　　　　　　　　　　　　（以上层级视内容多少可以跃级）

×××××××××××××××××××××××××××××，如图 4-3 所示。

图 4-3 ×××

×××××××××××××××××××××××××，设计时可参考表 4-8 中的数据。

表 4-8 ××××××××××

注：××××××。

×××××××××××××××××××××××，可按式（4-6）计算。

$$\left.\begin{array}{l} C = \dfrac{L_b - L_0}{L_b} \\ C' = \dfrac{(L_b + L_v) - (L_0 + L_v)}{L_b + L_v} = \dfrac{L_b - L_0}{L_b + L_v} \end{array}\right\} \quad (4\text{-}6)$$

式中：C——××××××××（ ）；
　　　C'——××××××××（ ）；
　　　L_b——××××××××（ ）。

（正文，五号宋体，单倍行距，全书编页码）

本讲参考文献

[1] 张玉崑. 科技编辑实务 [M]. 北京：北京工业大学出版社，2005.

[2] 本书编委会. 著译书稿须知 [M]. 北京：人民交通出版社股份有限公司，2020.

[3] 周奇，杜维东. 现代新闻出版编校实用手册 [M]. 苏州：苏州大学出版社，2008.

第 16 讲

出 版 咨 询

一、出版咨询的提出

企业开展科技成果总结与出版，面临一个重要的瓶颈制约，那就是图书编审组织经验不足。很多企业拥有丰富的科技成果，但出版主题的选定、编写团队的组织、编审工作的推进，以及编写人员的写作，都缺乏甚至完全没有经验。这也导致很多企业对与图书出版有心无力，或者组织混乱，或者书稿质量极差，即便成稿也达不到出版要求，问题百出。编辑出版经验也表明，绝大多数科技图书编写者，即便是业内专家和学者，在驾驭写作上，也存在相当多的问题，需要出版机构的编辑给予必要的指导。因此，无论是个体还是机构，在科技著作编写过程中，为达到较高的写作质量，都非常需要专业化的指导和协作。

科技出版机构及其编辑，都具备较好的专业背景，又长期专注于图书出版工作，懂"知识表达"，其中很多肯钻研的编辑还具备较高的编辑学水平，因此具备向著作者提供"咨询"的专业能力。再者，出版机构既然要推进企业以及行业专家的科技成果总结与出版，对其工作予以指导和协作，解决他们所面临的困难和问题，那么编辑从此前的"交稿—编辑—出版"模式将工作向前移，参与到前期的策划、编写或组织中，应该是必然。

由此，将"出版咨询"作为相对独立的服务或业务模式予以提出，就顺理成章了。出版机构及其编辑，针对企业（机构）或个体作者的科技成果总结与出版工作，有需求、有必要，也有能力、有责任提供前期工作的指导和帮助。

出版咨询，即编辑深度参与企业（机构）或个体作者的科技成果总结与出版工作，提供全流程、规范化、专业化的编审支持和服务，协助完成选题规划与策划、编审团队组建、编审方案拟定、大纲编制、编审工作推进、审统稿以及文案编制、写作培训等前期各项工作。

二、出版咨询的实践

从出版咨询的实践来看，与传统工作模式相比主要是编辑工作前移，从广义上说是要面向所有的作者或选题，但实际工作中可以按工作量进行简单的划分。

一种是作品体量不大，所涉及写作团队规模较小甚至只是个体作者，通常编辑要针对作者和作品进行必要的专业化的编审指导，主要为提升写作质量，工作量相对也较小。很多优秀作品的作者都很注重选择专业水平高、支持能力强的出版机构或编辑来为他们服务，他们认为这对提升图书出版质量大有帮助。

比如《隧道支护结构设计总安全系数法》一书，由隧道工程专家、中铁第四勘察设计院集团有限公司肖明清副总工编撰，是反映作者独立研发、在隧道工程领域极具原创性成果的一部作品，因此在编审过程中，我们对初稿进行了细致的审阅，并与作者召开了一次审稿、修改讨论会，就作品名称、前言、框架结构及章节名调整、版权推介内容、文字润色、数据更新、知识表达、内容重复交叉以及写作规范性等稿件的主要事项和问题，提出了一系列商榷性建议，最后大多数意见都得到作者的认可，这对于协助作者编写、出版好这本书，起到了必要的作用。

出 版 咨 询 ◂ 第16讲

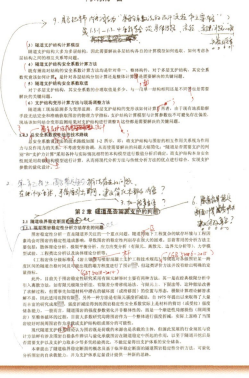

当然，这只是对单体作品提供出版咨询的一个案例，在实际工作中，我们对很多重要的作品，都在前期编审工作中提供类似的服务，因此，出版咨询已经成为编辑常态性的工作。对于大多数作品来说，出版咨询都属于"义务劳动"，但对于提升出版社以及编辑的品牌和认可度，极有帮助，当然也对编辑的专业能力、科技图书编撰理论水平，提出了很高的要求。事实上，对于编辑来说，隐形收获也会很丰厚的，最终都会反映到他的业绩上来。

另一种则是作品体量较大，所涉及写作团队规模也较大，比如大部头手册工具书或大型丛书、成系列的企业科技成果总结，通常组织难度较大，或者编写团队、企业（机构）图书编审组织经验不足，非常需要出版机构深度参与其中并给予其必要甚至极大的支持，从而使其工作得以顺利推进。这种情况下，出版咨询就极为必要，而工作量通常也较大。

比如，大型工具书《地铁施工手册》，包括上、下两个分册，700余万字，由中国铁建股份有限公司组织编写，参编单位涉及16家二级单位，共有263位参编人员，近50位审统稿专家参与。针对《地铁施工手册》的全程出版咨询包括以下内容。

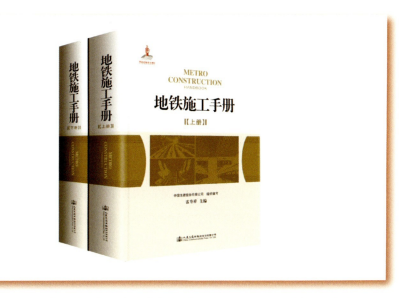

（1）协助制订编写方案、编写指导思想与要求、编写体例格式、数字资源建设要求、样章、审稿要求、分篇统稿与总统稿要求等一系列编制文件。

（2）协助编审组织机构建立、编写单位和人员调整、审统稿专家团队组建等事宜，全程指导编、审、统工作，把关手册编审质量。

（3）协助进行流程制定和工作计划管理，进行节点控制，推进手册编审统组织工作，组织编写会、审稿会、统稿会大小会议总计20余次。

（4）协助开展编写保障工作，对全体参编人员开展编写培训，协助搜集15000篇论文资料和一批图书资料，供编写参考，负责日常联络和沟通协调。

重大项目的出版咨询，要求出版机构及相关人员一定要具备较高的咨询能力，要能够提供全流程、规范化、专业化的支持和服务，才能够与企业需求相适应。近两年，我们对《隧道设计理论与方法》《隧道掘进机（TBM）施工手册》《极复杂艰险高原铁路隧道修建技术丛书》等重大出版项目的编审工作，都提供了较好的咨询服务和支持保障，也形成了成熟的经验，具备了较好的咨询能力。

三、出版咨询的内容

总结我们的实践经验，出版机构在全流程编审咨询中，可以协助企业及著作者开展如下工作。

（1）根据企业及著作者实际情况，协助企业及著作者开展科技成果总结与出版规划，研判市场需求以及同类书出版情况，确立丛书或图书选题方向。

（2）协助制订丛书或图书编审组织方案，确立编写定位和编写目标，组建编审团队，制定工作计划。

（3）协助制订图书编写纲要及细目，确定编写负责人及编写分工，明确相关人员职责要求。

（4）针对不同类型的图书编写，面向参编人员开展编写培训，明确图书编写基本要求，提升其编写能力。

（5）协助推进编审组织，制订编审组织实施进度计划，确立关键控制节点以及相应保障措施，召开编写启动会、中间讨论会、审稿会等编审会议。

（6）以提升编写质量为目标，协助遴选、邀请审统稿专家，协助、参与各轮次稿件审定。

（7）协助制订各类编审组织、编写方案、编写指导思想与要求、编写体例格式、数字资源建设要求、样章、审稿要求、统稿要求等一系列编制文件，作为工作依据。

（8）协助搜集编写资料。

（9）按照全媒体出版的理念，协助制订数字资源配套方案。

四、出版咨询对编辑的能力要求

深度推进前期的出版咨询服务，对编辑能力提出了很高的要求，要求编辑及其所在部门或出版机构至少在以下四个方面具备较高的能力和水平。

（1）具备丰富的编辑出版工作经验和较强的业务能力，熟悉所在领域的图书出版状况，熟悉编辑出版工作流程，掌握编辑出版工作规范，能够独立进行专业的选题判断和编审工作支持。

（2）具备一定的专业能力，了解行业状况、前沿趋势、专业领域以及从业人员需求，能够与行业专家进行基本的面对面交流，能够支撑对选题和内容的判断。

（3）具备较为专业的写作能力，掌握各种不同类型图书编写的基本特点和要求以及相关类型知识点的"知识表达"规律，掌握各种常规内容如前言、概述（绪论）、展望、起承转合、工程案例等等的写作特点，能够指导写作者较好的完成写作任务。

（4）具备较为丰富的行业专家资源，能够对选题策划、编审工作提供强大的支持。

五、结语

出版咨询工作的推进，既对编辑和出版机构的业务能力提出很高的要求，也有助于出版机构整体编辑出版业务能力与水平的提升，更对企业的科技成果总结与出版工作提供了强大的支持，使企业和出版机构为了共同的目标达成密切合作，出版机构的地位和影响力也会得到极大提升。

总之，出版机构及其编辑还是要站在知识传播的高度，以知识凝聚、知识生产、知识发布的视角看待自身工作，向工作链的前后端延伸，向企业或写作者提供更多更专业的服务，实现专业的人干专业的事，不断提升出版机构和编辑人员的能力、地位、价值以及业务范围。

做到这一点的编辑可以深切地感受到职业自豪感、价值感。业精于勤，其背后确实需要付出辛勤的努力——保持对行业发展的持续跟踪，建立与重要机构、作者的密切联系，深入思考、潜心研究，构建编辑专业与行业领域的双重知识体系。

第 17 讲

公共知识资源和知识库构建

充分运用交通运输领域公共知识资源，向企业工程技术人员进行知识提供满足其知识需求，是企业开展知识管理的一个重要方面。对应到出版机构所提供的知识服务，则是要充分集聚交通运输领域几乎所有已公开发表的知识资源，包括图书、期刊论文、工法、数字课程等各类资源，面向企业以多种形式进行提供，作为企业知识供给的重要组成部分。

目前我们已初步建设完成数字图书馆、期刊论文库、标准规范库、工法库、工程案例库和视频课程库等主要专题知识库，简称"一馆五库"。

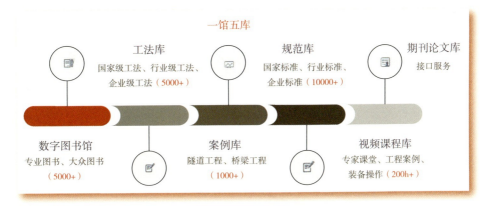

1. 数字图书馆

数字图书馆将充分集聚公开出版的交通运输领域电子书，是出版机构开展知识集聚的主体。实践中，以交通社的优势图书出版资源为主体，采购部分相关出版社交通土建类电子书版权，以及党建、社科、文化类电子书版权，构建以交通土建类图书为主体、党建社科图书为辅的数字图书馆。根据需要，可针对企业的需求特点，加强相关专业图书的数字版权采购予以增补。数字图书馆每月更新，增补新书。

2. 工法资料库

作为最有用的工程技术资料，以集聚所有交通土建类工法为目标，建设"工法资料库"。目前已初步建设完成，包括交通土建领域几乎全部相关工法，涵盖铁路、公路、水电、建筑等各个行业，涉及国家级、行业级和各大央企等各级工法，汇集成库，后续将根据工法发布情况及时更新、补充。

3. 标准规范库

作为使用频率最高的工程技术资料，针对免费公开的全部标准规范，以集聚和碎片化为目标，开展二次加工和深度解析，与外部机构合作建设"标准规范库"。目前，按照国家标准、行业标准、企业标准，涵盖公路、铁路、市政、地铁等领域常用的标准规范，实现了按条文拆分、条文/说明对照检索和全库全文检索。首批已收录大土建领域标准规范10000余种。后续持续更新，并根据用户需求及时增补，提供权威、最新、便捷的标准规范查询服务。

4. 期刊论文库

作为最新工程技术资料的重要来源，以整合集聚期刊论文资源为目标，面向企业提供交通运输领域全部所需专业论文查询检索服务。

5. 工程案例库

作为最实用的工程技术资料，以汇集典型工程案例为目标，建立工程案例库，为类似工程的施工提供参考借鉴。目前的工程案例包括两部分，一部分是已公开出版的图书或期刊论文中的案例析出，一部分是与企业合作汇集的工程案例资源。

6. 视频课程库

视频课程是知识传播和学习的另一种形式，传播快，知识获取更为直接便捷。目前出版社在交通土建领域开发了大量的视频课程，以此集聚成视频课程库，供企业培训和继续教育使用。目前相关可视化学习资源，既有资源包括成系列专题技术培训、专家讲座、重大工程技术案例、试验检测标准操作录像以及技术工艺类动画等资源，目前已上线 50 余门 200 小时视频/动画资源。

此外，依托出版社的专业词典类资源，开发了手机版的"工程词典"库，涵盖公路、铁路、水运、土木专业领域十余本专业词典，收录 46 万余词条，支持英汉、德汉、法汉、俄汉等语种的词汇互译；与同行机构合作，可向企业提供党建读物和党建培训视频课程，供企业基层党建使用。同时结合重大工程建设需求，工程现场安全管理需要，推进融入工作场景的专题类产品开发。

公共知识资源和知识库构建中，要做到最大限度的资源积聚，需要多种方式相结合加以推进：

（1）加强外部机构的数字版权采购，包括电子书版权、工法版权；

（2）加强外部机构合作，合作开发有关数字资源，比如标准规范库和期刊论文库、工程案例库；

（3）加强既有资源的深度二次加工，按用户需求，进行专题化内容析出，比如工程案例库；

（4）加强专题性数字产品的策划，满足特定用户的专门需求，比如"盾构专题知识库"；

（5）加强数字课程的专题化开发，满足用户系列化专题培训的需要；

（6）开发检索查询功能强大、用户体验良好的移动端平台，便于用户使用知识库。

尽管目前在实践中已基本完成了交通建设领域的知识集聚，可向企业提供较好的知识资源，但出版社作为知识提供机构，还需要持续的优化和完善，包括：

（1）持续采购交通运输类外版电子书版权，使数字图书馆的内容资源更加丰富、权威，"一馆在手，图书都有"。

（2）与企业技术资料库建设协同，推动企业技术资源的对外公开、共享，扩大数字图书馆的资源规模和类型，提供海量、可便捷检索的知识资源。

（3）加强并创新知识资源产品的策划和发布，持续开展专题性产品或子库策划与开发，使内容提供契合行业一线人员的应用场景。

（4）迭代更新开展"知识库"建设，构建领域知识本体或知识图谱，推进智能化知识提供，为智能化知识决策提供支撑。

（5）构建良好的内容资源管理系统，完善内容的数字化生产体系和标准，适应数字化产品的开发和提供需求。

第 18 讲

企业工程技术资料库及集输用平台构建

知识资源提供是企业开展知识管理的重要组成部分，是满足工程技术人员知识需求的重要手段。企业及工程技术人员的知识来源包括内部和外部两部分。外部知识来源包括公共知识资源提供、专家资源利用、同行分享与提供等三个方面，通常由外部机构生产并提供；而来源于内部的知识资源，则是企业发动全体员工开展知识创造、知识积累并加以管理和运用而形成的，通常由企业自行组织建设。

企业自身的知识资源开发，与日常的生产经营活动紧密结合，因此更容易在组织内润化并形成内生动力，这是企业进行软实力建设、搭建技术发展运用平台、提升整体技术平的重要手段。具体来讲，一方面是要开展知识萃取，实现隐性知识的显性化，另一方面则是要开展工程技术资料管理，实现显性知识的数字化。

这些知识管理工作，无论是过程中还是其结果，都会推动企业激发内生创新活力，增强协同开展知识创造的能力，实现工程经验和先进技术的显性化、平台化，可凝聚、可共享，而不是存留在技术人员的头脑中和个人手中，进而解决企业软实力建设中工程师工程技术资料获取的问题、工程师知识学习和经验积累的问题、企业技术发展运用平台建设的问题、工程技术人员整体水平提升的问题，避免影响企业竞争能力的常见性、共性问题在不同领域反复出现，避免"没干过就没经验、干得少就经验少、干的技术含量低就水平低"等此前人才培养和人才成长中常常出现的问题。

企业自身的知识资源开发、积累和运用，应着重从以下几个方面入手。

1. 全面组织企业核心技术资料、技术成果的采集、总结与归口管理面

向各建设项目和各类技术成果，以有效的制度化手段全面开展采集、总结与归口管理。

核心技术资料库的主要内容包括但不限于各个项目的施工组织设计、专项技术方案、工法、技术交底、常见问题处置等。资料的格式包括但不限于文档、表格、视频、图片等。

2. 开展工程师的经验分享和知识萃取工作

建立知识萃取和知识挖掘的类型、模式及配套组织管理制度，实现隐性知识显性化，个人知识组织化；知识挖掘包括但不限于基于个人的工艺工法创新案例、工程实践经验总结、技术发明和创造、内训课程资料开发等。

3. 开发"企业工程技术资料库及集输用平台"

构建"企业工程技术资料库"，建设企业工程技术（资料）集输用体系，实现上述全部技术资料纳入"技术资料库"管理，并面向全体技术人员供检索、使用，实现有效的知识综合管理和运用。

4. 出版机构协助企业开展工程技术资料管理工作

出版机构可协助企业进行工程技术资料的采集、总结、审核、标准

化数字化生产、管理，协助建立技术资料采集、提交、审核、发布的管理流程及管理办法，协助开展工程经验的知识萃取，协助开展文本资源、视频资源的加工、数字化生产和制作，以及"企业工程技术资料库"管理系统的建设开发。

5. 建立企业工程技术资料管理的保障机制

在实践中，遵循循序渐进的原则，企业工程技术资料采集与管理工作可分三步走：第一步，根据企业实际，初步搭建企业工程技术资料库，实现有无的问题；第二步，总体动员，建章立制，建设企业工程技术资料库及集输用平台（工作体系）；第三步，采取有效手段，丰富方式方法，实现有效的知识综合管理和运用。

目前，"企业工程技术资料库及集输用平台"的建设，作为企业知识管理的一部分，已被很多交通建设企业所认可，并达成合作建设意向。交通社已开发完成企业工程技术资料库及集输用平台的基本版，并在施工企业落地运用。

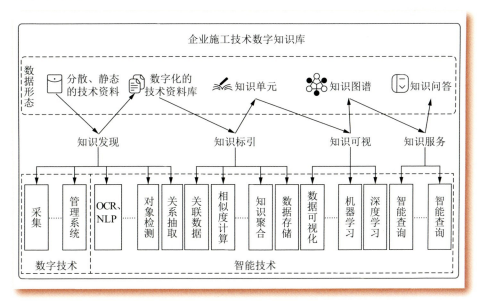

第 19 讲
企业技术培训及在线课程开发服务

作为"软实力"建设的重要组成部分,企业要有一批高素质、勤奋刻苦、能力与水平突出的专业技术人员,因此人才培养培训至关重要。目前大部分交通建设企业对员工培养培训都非常重视,但从实际情况看,还存在很多短板,比如培训的总体水平不高,系统性不足,针对性不强,手段和方法缺乏创新,培训工作不能满足一线员工的实际需求,等等。因此,企业基于交通土建工程建设技术重难点,面向各级各类工程技术人员,进行系统性、针对性、实用性培训,强化培训力度,提升培训水平,极有必要。

出版机构在知识传播与服务的新定位下,业务范围已经从单一的图书出版向综合性知识服务转变。技术培训作为知识提供与服务的一部分,可以作为出版机构的一项业务予以发展。同时,科技出版机构在行业内具有很好的背景、品牌和资源优势,拥有一大批高水平的专家资源,培训业务具备较好的发展基础。因此,出版机构面向行业企业拓展培训业务,具备业务发展的可能性。

一、出版机构拓展培训业务的基本经验

自 2017 年起,我们即着手推动培训业务开展,依托战略合作单位,主要在地铁工程领域开展了相关技术和项目管理培训,在业内也获得了较

好的评价。作为出版机构，从业务发展的角度来说，现总结出如下经验：

1. 出版机构面向行业企业开展培训业务，必要而且可行

从大教育培训的总体范畴来看，其业务发展具有较大的空间，出版机构应利用自己的行业优势，大胆切入并努力拓展。而交通土建行业培训需求空间较大，但市场竞争并不充分，市场需求不能完全满足，目前的企业培训主要是自行邀请专家或委托高校开展，在师资来源、组织能力、容纳规模上都存在局限性，因而导致培训产品提供不够充足，培训质量也不够高。培训业务是出版机构在知识传播与服务定位下新型业务架构的重要组成部分，是知识提供以及业务转型的形态之一，有必要作为一条业务线加以拓展。实践证明，出版机构拥有非常广泛的专家资源，具备良好的行业背景、影响力和认可度，只要投入力量研发和开展培训业务，培训产品和服务可以做到较高质量。

2. B2B 是出版机构开展培训业务的主要模式

行业企业的培训业务主要是面向机构用户的，完全市场化的培训产品空间并不大，个人培训、企业付费是一种主要的商业模式。当然，包括在线课程、面向个体的培训班在内的培训产品甚至免费培训（2C），主要是为在线平台的活跃、积累人气、提高影响力而设计的，也不可或缺。因此，考虑到出版机构的行业资源特点和运营能力，将与企业的深度合作和全面知识服务提供作为前提，开展培训业务，是目前最可行的发展模式。纯粹的市场化培训产品以及单纯的线下培训，并不适合出版机构发展。

3. 面向企业提供线上线下一体化的培训产品和培训服务

出版机构应避免单纯的"培训班"开设，而应向企业提供综合性的"培训服务"，参与企业培训规划和计划编制、员工培训需求研究、培训产

品设计、在线课程开发、专项考核及题库研发等事项，确立较高的业务发展站位。

线下培训和线上培训各有所长，各有侧重，也各有不足。大多数交通土建企业业务遍及全国甚至海外，既有线下培训时间有限的问题，也有点多面广、沟通不便的问题需要克服，通过在线知识服务满足跨部门、组织、地域的知识分享、政策宣贯、集体培训、自主学习等需求是一个有效的手段。有数据表明，在线培训已经越来越成为企业内训的重要方式，很多企业的在线培训比例已经占到全部培训任务的70%。因此，依据总体培训规划，为企业提供线上与线下相结合、形式灵活、类型丰富的培训产品和培训服务，应是培训业务开展的核心定位，这也是建立市场竞争优势的必要手段。与在线培训相匹配，培训平台和在线课程开发，就尤为重要了。

4. 以高质量的培训产品和培训服务确立业务品牌优势

尽管出版机构培训业务的商业模式是2B的，但实际的服务对象是2C的，因此，培训服务要以一线受培人员为核心，开发高质量、高水平的培训产品，让受培人员满意、认可，进而建立良好的口碑和影响力。建设强大的培训专家库和培训课程库，为培训业务高质量开展提供良好支撑。建设专业化、标准化、规范化的培训服务流程，编制培训工作手册。在实际业务发展和运作中，要坚持市场化导向，以深度的行业需求研究作为可持续发展的动力，推动综合性培训服务能力的提升。出版机构发展培训业务，务必要做大做强树品牌，提升在行业内的品牌影响力，切忌急功近利。

二、企业技术培训及在线课程开发服务的主要内容

出版机构可面向一线企业开展专业化、高水平的技术培训，提供前期技术人员状况调查、企业培训规划编制、培训内容设计和开发，提供高水

平线下培训分享专家经验，提供在线培训课程开发进行系统化技术提升，提供高效能项目适应性培训，相关服务内容包括：

1. 协助开展培训需求调研和年度培训计划编制

出版机构可协助企业专题研究专业技术人员技术状况和能力成长需求，准确掌握企业技术力量状况，结合公司年度工作编制"全方位、多层次、滚动式"的专业技术人员能力提升培训计划。

本讲附件 1 为专业技术人员从业情况问卷调查示例。

2. 提供综合性、一体化培训设计和服务

出版机构可协助企业根据不同层次人才需求进行教学体系设计、课程研发与教学组织，开展包括培训对象、培训主题、培训目标、培训内容、培训方式、培训专家等在内的培训整体性规划设计，并提供"线上+线下"相结合的培训服务，为企业专业技术人才综合素养与专业能力提升提供助力。

附件 2 为培训方案设计及其示例。

3. 组织开展线下技术培训

出版机构可按照企业年度计划承担线下培训班组织，包括授课专家邀请、培训方案设计、培训需求调研、培训教材遴选、培训班管理等相关服务，高质量完成培训班组织任务。

4. 在线培训课程提供与开发

（1）提供可视化学习资源。出版机构应开发一批可视化学习资源，向企业提供成套的专题视频培训课程，供工程技术人员在线培训使用。同时，提供具备较强教学、教务、考核等培训管理功能的手机端 APP 平台。

（2）定制开发在线培训课程。出版机构可根据企业需要，协助开发专题培训课程，在企业内部培训平台发布，可协助开展内训讲师团的建设。

（3）开展在线专题直播培训。根据需要，出版机构可协助企业开展在线直播培训。

5. 开办主题讲座

按每 1~2 月一次，全年 6~12 次，每次 2~3 个小时，面向下属单位技术管理人员，策划、组织主题讲座，讲座题目双方协商确定，可由企业内部专家主讲，也可由外部专家主讲。出版机构可协助进行专家聘请、课程开发、会议组织。

6. 协助开展题库开发

出版机构可协助企业组织行业权威专家研发、建设相关专业领域人才水平评价考核标准及题库，为企业人才选拔与水平评价提供支撑。

7. 定制化专题培训

比如与装备制造企业合作开展施工企业的设备管理、操作及维保人员培训、认证。实践中，基于交通社与相关装备企业的战略合作，可向施工企业提供隧道工程各类装备管理、操作及维保三类人员的培训和取证，涉及盾构、凿岩台车、TBM、多功能作业车、锚杆台车、混凝土喷射台车、多功能钻机、智能注浆设备等装备。培训通常包括理论培训、实操培训、考核取证、工地培训四个方面，理论学习通过课堂教学和线上培训课程学习完成，实训和考核取证在培训点上机操作，由装备提供单位及教学点在现场进行一定的实操指导。具体培训资源包括培训教材、培训课件、题库、仿真设备、实体设备和培训场所。

三、结语

聚焦隧道及地下工程领域，其从业人员规模庞大，并处于不断扩大的进程当中，从业人员水平和能力亟须提升，培训需求强烈，培训市场很大。在实践中，我们对培养培训需求、核心能力框架、培训方案设计进行了深入的研究，也取得了较好的效果，参培人员和受培单位给予了很好的评价反馈，但在今后的培训工作中还需要不断加强研究，完善培训体系，增强培训效果。

当然，对于解决当前我国隧道及地下工程专业技术人员所存在的不足和问题，提升其总体技术水平和能力，强化第三方技术培训是一种有效的方式，但还需加强日常工作中的技术培训和实践技能交流；改进入职培训形式，优化新员工的培养方法；持续加强专业技术学习，实行人性化教学方式，注重专业的系统培训；建立技术交流分享平台，加强内部交流；持续动态改进人才培训机制，做好高素质人才的继续教育工作，拓宽人才学习和晋升通道。此外，培训工作与工程实践、企业文化及团队建设紧密结合，建立综合性的人才培养培训体系，事实上更为重要和可持续，企业要予以重视。

附件1 专业技术人员从业情况问卷调查示例

为深入了解企业隧道工程专业技术人员的从业情况、成长需求、知识需求、培养培训需求，进而为今后一段时间企业专业技术人员的人才建设和培养培训工作提供基础数据支撑，我们特别组织了相关问卷调查。在此作为示例供大家参考借鉴。

问卷调查一

企业专业技术人员总体情况调查

（请人力资源管理部门协助完成）

填报人：_____　　所在部门：_____
手　机：_____　　微信号或 QQ 号：_____
电子邮箱：_____

一、企业人员总体情况调查

企业总人数：____，其中男性____人，占比____，女性____人，占比____；平均年龄____岁。

二、总体职称结构调查

其中，初级及以下职称人数____，中级职称人数____，高级职称人数____（含教授级高工____人）。

三、总体年龄结构调查

其中，25 岁以下人数____，26-35 岁人数____，36-45 岁人数____，46-55 岁人数____，55 岁以上人数____。

四、总体学历结构调查

其中，大专及以下学历人数____，本科学历人数____，硕士学历人数____，博士学历人数____人。

五、人员业务结构调查

在全体企业员工中，其中专业技术人员数量____，占比____；

专业技术人员的职称结构：_____。

专业技术人员的年龄结构：_____。

专业技术人员的学历结构：_____。

专业技术人员的专业结构：_____。

六、人员岗位结构调查

专业技术人员中，从事工程技术工作的____人，从事安全与质量管理工作的____人，从事材料与设备管理工作的____人，从事测量工作的____人，从事试验检测工作的____人，从事预算与成本管理工作的____人。

一线项目项目部中，其中担任项目经理的____人，担任项目副经理的____人，担任项目总工程师及副总工程师的____人，担任中层（部门正副负责人）的____人。

七、企业专业技术人员总体情况评价

1. 现有专业技术人员数量是否满足工程建设需要？（　）

    A. 满足　B. 基本满足　C. 不满足　D. 不清楚

2. 现有专业技术人员技术能力素质是否满足工程建设需要？（　）

    A. 满足　B. 基本满足　C. 不满足　D. 不清楚

3. 现有专业技术人员管理能力素质是否满足工程建设需要？（　）

    A. 满足　B. 基本满足　C. 不满足　D. 不清楚

4. 对于本公司专业技术人员的职称结构、年龄结构、学历结构、人才培养等几个方面，您认为：

要素	1	2	3	4	5
职称结构					
年龄结构					
学历结构					
人才培养					

注：1= 非常不理想，2= 不理想，3= 一般，4= 理想，5= 非常理想。

对于本公司专业技术人员队伍中存在的问题和不足，您认为：

（1）_____

（2）_____

（3）_____

（4）_____

5. 现有专业技术人员专业技术水平提升主要渠道有哪些？【多选】

  A. 工程施工实践中加强锻炼

  B. 定期开展相关新技术新方法的培训

  C. 建立和完善"传帮带"机制

  D. 定期开展施工技术观摩和比试活动

  E. 坚持和加强对技术人员的表彰奖励

  F. 其他（请填写）_____

6. 目前公司工程技术人员的培训渠道有哪些？

（1）_____

（2）_____

（3）_____

（4）_____

7. 请您对本公司专业技术人员的人才需求、人员培养培训工作情况、目前存在的问题和不足，提出您的看法和建议：

（1）_____

（2）_____

（3）_____

（4）_____

问卷调查二

项目中、高级管理人员问卷调查

（请项目部正副经理、正副总工、各部门正副部长协助完成）

一、个人情况调查

1. 姓名：_____

2. 性别：_____

3. 年龄：_____

4. 学历：_____

5. 专业：_____

6. 职称：_____

7. 所在部门及岗位：_____

二、从业情况调查

1. 您的工龄：_____年。

2. 迄今为止从事工程施工的时间：_____年。

3. 迄今为止完成工程项目的数量（含在建）：_____个。

4. 迄今为止完成与在建项目同类的工程项目数量：_____个。

5. 迄今为止从事本岗位的时间：_____年。

三、个人需求调查

1. 对于员工成长和公司的人才培养，您认为应该从哪些方面着手？（　　）

　　A. 在工程实践中加强锻炼，不断自我学习和提升

　　B. 公司及项目上应加强老工程师的传帮带，加强对新员工的培养

　　C. 公司应有针对性地建立人才培养体系，提高人才培养水平

　　D. 公司应有针对性的加强专业培训和技术交流

　　E. 公司应有良好的人才选拔与任用体系

　　F. 公司应有良好的人才激励机制

　　G. 其他（请填写）：_____

2. 您认为本公司人才成长氛围怎么样？（ ）

　　A. 好　　　B. 一般　　　C. 不好

3. 您认为本公司或项目上高资历工程师的"传帮带"机制或新人培养机制水平如何？（ ）

　　A. 好　　　B. 一般　　　C. 不好　　　D. 几乎没有

4. 您认为本公司的人才培养体系水平如何？（ ）

　　A. 好　　　B. 一般　　　C. 不好　　　D. 几乎没有

5. 您认为本公司的专业性培训的范围、数量、水平是否足够？（ ）

　　A. 足够　　　B. 一般　　　C. 不够　　　D. 远远不够

6. 对于公司的人才培养以及个人成长，您的更多建议是：

　　A._____
　　B._____
　　C._____
　　D._____
　　E._____
　　F._____

7. 以下列出若干专业技术人员的任职能力，请您选出并填写专业技术人员应必备的能力。（ ）【多选】

　　A. 扎实的理论专业知识

　　B. 熟悉本专业的材料、装备

　　C. 熟悉全流程的工艺流程及工序操作，包括非本岗位工作

　　D. 擅长施工生产劳动组织和资源组织

　　E. 具备良好的施工设计和计算能力

　　F. 工程现场复杂技术问题的处理能力

　　G. 质量、安全、环保方面的控制能力

　　H. 创新与持续学习能力（新技术、新工艺、新理念的学习与应用能力）

　　I. 良好的沟通协调及团队合作能力，对于工程要点能够清晰理解、迅速把握并系统阐述

　　J. 具备一定的项目管理能力、合同管理能力、财务分析能力

　　K. 具备商务条件制约下的工程技术应用能力

L. 跨专业的学习能力

M. 应对重大特难等复杂地质及艰险环境工程的能力

N. 以上能力都应具备

O. 其他＿＿＿＿＿＿＿＿＿＿＿＿＿＿＿＿＿＿＿＿＿＿＿＿

8. 对于您所任职的岗位，以上列出的任职能力，请选出您认为最需要提升的五项能力。（　　）

9. 为了提升您所认为需要的能力，您建议的方式是（　　）。【多选】

  A. 建立工程技术研究和创新机制，激励、带动公司和个人水平提升

  B. 建立并加强以老带新的员工培养机制

  C. 应有针对性的加强专业培训，改进不足

  D. 加强技术交流，塑造良好的交流氛围，互相学习，在交流中提高

  E. 项目上设置阅览室，改善基层学习环境，塑造良好学习氛围

  F. 建立专家咨询队伍，随时答疑解惑

  G. 以便捷的网络方式提供图书、资料、课程，实现技术交流

  H. 其他：（请填写）

10. 你学习提高的主要途径是（　　）。【可多选】

  A. 单位培训　　　　B. 社会培训　　　　C. 自学

  D. 工作实践锻炼　　E. 脱产学习　　　　F. 函授学习

11. 你认为以下哪种方式对提高专业技能有明显效果（　　）。【可多选】

  A. 内部学习和培训　　B. 技术比武和日常性的岗位练兵

  C. 定期考试　　　　　D. 外出学习培训或参观交流

  E. 结合实际自学　　　F. 其他＿＿＿＿＿＿＿＿＿＿＿

12. 你对公司目前的培训机制感到（　　）。

  A. 满意　　　　　　B. 基本满意　　　　C. 不满意

13. 如果你对培训工作不满意，其主要原因是（　　）。【可多选】

  A. 形式单一　　　　B. 内容没有吸引力　　C. 与本人需求不对称

  D. 组织不到位　　　E. 讲师水平太差　　　F. 理论与实际相脱节

14. 你希望的内部培训频率是（　　）。

  A. 每周一次　　　　B. 每月一次

  C. 每季度一次　　　D. 每半年或一年一次

15. 你希望自身外出参加培训的频率是（　）。

　　A. 每半年一次　　　B. 每年一次　　　C. 每两年一次

16. 您认为一次培训的合理时长为（　）。

　　A. 1 天 -2 天　　　B. 3 天 -5 天　　　C. 6 天以上

　　D. 无所谓，看课程需要来定　　E. 其他

17. 您认为，培训对于促进个人职业发展、提升工作绩效能否起到实际帮助作用（　　）。

　　A. 非常有帮助，希望多组织各种培训

　　B. 有较大帮助，乐意参加

　　C. 多少有点帮助，会去听听

　　D. 有帮助，但是没有时间参加

　　E. 基本没有什么帮助，不会参加

　　F. 其他：（请填写）_____

18. 对于专业培训，您认为目前应该开展的方向或专题是：（请填写）

_____

_____

_____

19. 对于公司的人才培养以及个人成长，您的更多建议是：（请填写）

_____

_____

_____

> 问卷调查三

基层专业技术人员问卷调查

（请基层专业技术人员协助完成）

一、个人情况调查

姓名		性别		年龄	
学历		专业		职称	
部门		岗位		工龄	

二、从业情况调查

1. 迄今为止从事工程施工的时间：_____年。

2. 迄今为止完成工程项目的数量（含在建）：_____个。

3. 迄今为止完成与在建项目同类的工程项目数量：_____个。

4. 迄今为止从事本岗位的时间：_____年。

三、个人需求调查

1. 您是否有明确的个人成长目标：（　　）。

    A. 没有明确目标　　　　B. 有明确目标

2. 如果有，您的个人成长目标是：（　　）。

    A. 干好本职工作即可

    B. 在本业务领域内实现升职，从事项目或公司经营管理工作

    C. 成为专业领域内高水平的专家

    D. 其他_____

3. 你怎么看待自己的工作和岗位：（　　）。

    A. 很适合，并且有信心和能力做好

    B. 喜欢，但自己能力有待提高

    C. 不是我喜欢的工作，但我能做好

    D. 不适合我，我想申请换岗

    E. 无所谓，我工作只是为了赚钱

4. 您认为目前影响你在公司工作的最大问题是：（　　）。

　　A. 没有提高自己的机会　　B. 工作环境较差

　　C. 人际关系不和谐　　　　D. 工作没有成就感

5. 对于您的个人成长，以及公司的人才培养，您认为应该从哪些方面着手：（　　）。

　　A. 在工程实践中加强锻炼，不断自我学习和提升

　　B. 公司及项目上应加强老工程师的传帮带，加强对新员工的培养

　　C. 公司应有针对性地建立人才培养体系，提高人才培养水平

　　D. 公司应有针对性地加强专业培训和技术交流

　　E. 公司应有良好的人才选拔与任用体系

　　F. 公司应有良好的人才激励机制

　　G. 其他：_____

6. 您认为本公司人才成长氛围怎么样？（　　）

　　A. 好　　　B. 一般　　　C. 不好

7. 您认为本公司或项目上老工程师的"传帮带"机制或新人培养机制水平如何。（　　）

　　A. 好　　　B. 一般　　　C. 不好　　　D. 几乎没有

8. 您认为本公司的人才培养体系水平如何？（　　）

　　A. 好　　　B. 一般　　　C. 不好　　　D. 几乎没有

9. 您认为本公司的专业性培训的范围、数量、水平是否足够。（　　）

　　A. 足够　　B. 一般　　　C. 不够　　　D. 远远不够

10. 以下列出若干专业技术人员的任职能力，请您选出、填写所从事岗位技术人员应必备的能力。（　　）

　　A. 扎实的理论专业知识

　　B. 熟悉本专业的材料、装备

　　C. 熟悉全流程的工艺流程及工序操作，包括非本岗位工作

　　D. 擅长施工生产劳动组织和资源组织

　　E. 具备良好的施工设计和计算能力

　　F. 工程现场复杂技术问题的处理能力

　　G. 质量、安全、环保方面的控制能力

　　H. 创新与持续学习能力（新技术、新工艺、新理念的学习与应用能力）

I. 良好的沟通协调及团队合作能力,对于工程要点能够清晰理解、迅速把握并系统阐述

J. 具备一定的项目管理能力、合同管理能力、财务分析能力

K. 具备商务条件制约下的工程技术应用能力

L. 跨专业的学习能力

M. 应对重大特难等复杂地质及艰险环境工程的能力

N. 以上能力都应具备

O. 其他应具备的知识或能力_____

11. 以上列出的专业技术人员的任职能力,请您选出您认为最重要的五项能力:(   )。

12. 以上列出的专业技术人员的任职能力,请您选出您认为最需要提升的五项能力:(   )。

13. 为了提升您所认为需要的能力,您建议的方式是:(   )。

A. 建立工程技术研究和创新机制,激励、带动公司和个人水平提升

B. 建立并加强以老带新的员工培养机制

C. 应有针对性的加强专业培训,改进不足

D. 加强企业内部技术交流,塑造良好的交流氛围,互相学习,在交流中提高

E. 项目上设置阅览室,改善基层学习环境,塑造良好学习氛围

F. 建立专家咨询队伍,随时答疑解惑

G. 以便捷的网络方式提供图书、资料、课程,实现技术交流

H. 其他_____

14. 您通过什么渠道获得专业技术知识:(   )。

A. 自学   B. 参加培训

C. 请教同行   D. 参与技术交流

E. 工作锻炼

15. 您认为限制您成长的因素有:(   )【可多选】

A. 对工具和方法的应用技术不足、经验不足

B. 缺乏独立解决问题的能力、责任心不足

C. 职业道德和纪律性不强

D. 知识体系结构不合理,范围狭窄,内容陈旧

E. 沟通能力较弱

16. 您迫切需要哪方面的培训？（　）

　　A. 公司文化　　　　　　B. 心理抗压能力　　　　C. 岗位知识

　　D. 管理技能　　　　　　E. 组织协调与沟通

　　F 其他_____

17. 公司很重视员工培训，你参加过公司举办的几次培训？（　）

　　A. 1 次都没有　　　　　B. 1-2 次

　　C. 3-5 次　　　　　　　D. 很多次，不记得了

18. 公司大力推进先进典型培育选树，每年评选多名劳模、先进集体、先进个人、优秀干部、岗位能手等。您清楚吗？（　）

　　A. 深有体会　　　　　　B. 比较清楚，很关注

　　C. 没感觉，与我无关　　D. 不太满意

19. 你认为以下哪种方式对提高专业技能有明显效果？（　）【可多选】

　　A. 内部学习和培训　　　B. 技术比武和日常性的岗位练兵

　　C. 定期考试　　　　　　D. 外出学习培训或参观交流

　　E. 结合实际自学　　　　F. 其他_____

20. 你对公司目前的培训机制感到：（　）。

　　A. 满意　　　　　　　　B. 基本满意　　　　　　C. 不满意

21. 如果你对培训工作不满意，其主要原因是（　）。【可多选】

　　A. 形式单一　　　　　　B. 内容没有吸引力　　　C. 与本人需求不对称

　　D. 组织不到位　　　　　E. 讲师水平太差　　　　F. 理论与实际相脱节

22. 你希望的内部培训频率是（　）。

　　A. 每周一次　　　　　　B. 每月一次

　　C. 每季度一次　　　　　D. 每半年或一年一次

23. 你希望自身外出参加培训的频率是（　）。

　　A. 每半年一次　　　　　B. 每年一次　　　　　　C. 每两年一次

24. 您认为一次培训的合理时长为（　）。

　　A.1 天 -2 天

　　B.3 天 -5 天

　　C.6 天以上

　　C. 无所谓，看课程需要来定

25. 您认为，培训对于促进个人职业发展、提升工作绩效能否起到实际帮助作用。
（　）

  A. 非常有帮助，希望多组织各种培训

  B. 有较大帮助，乐意参加

  C. 多少有点帮助，会去听听

  D. 有帮助，但是没有时间参加

  E. 基本没有什么帮助，不会参加

26. 对于专业培训，您认为目前应该开展的方向或专题是：（请填写）

_____

_____

_____

27. 对于公司的人才培养以及个人成长，您的更多建议是：（请填写）

_____

_____

_____

附件2 培训方案设计及示例

在实际工作中，围绕正在开展的隧道及地下工程人员培训工作，针对能力提升需求，基于核心能力框架，我们针对培训主题、培训内容、培训对象、培训目标进行了深入研讨，设计了若干培训主题，形成了一系列的培训设计方案。现举两例，请大家参考。

地铁工程施工技术（基础班）培训设计

1. 培训主题：地铁工程施工技术（基础班）。
2. 培训对象：新进入地铁工程修建领域的各单位工程技术人员。
3. 培训目标：使学员基本掌握和具备地铁工程施工的技术知识和能力，掌握明挖、暗挖、盾构三大施工成套技术，了解典型地层、不良地质、辅助工法的施工技术及其处置要点，强化其现场工作能力，着力提升工程技术人员的技术水平和实际工作能力。
4. 培训内容：针对该类人员，在其已有相关专业学历教育或工作经验的基础上，对地铁工程施工技术进行基础性的系统培训，培训侧重于结合工程实例、设计要求和规范条文要求运用，渗透理论背景和项目管理工作要点，使其具备一定的技术应用和实操能力。

（1）综述：介绍地铁工程修建的现状、特点及发展趋势，重点讲解其修建的理念、原则、方法与要点；

（2）明挖、盖挖施工技术：按照施工进程，结合工程实例，系统讲解明挖、盖挖成套施工技术、标准规范条文要求和运用及相关作业技术；

（3）暗挖施工技术：按照施工进程，结合工程实例，系统讲解暗挖（包括车站和区间）各工法成套施工技术及相关作业技术、标准规范条文要求和运用；

（4）盾构施工技术：按照施工进程，结合工程实例、标准规范条文要求和运用，针对盾构设计、掘进、始发与到达、管片预制安装等全套技术进行系统讲解；

（5）典型地层及不良地质隧道施工技术：结合工程实例，概要介绍硬岩、软土、复合地层、砂卵石地层、岩溶、瓦斯、富水、断层等典型地层或不良地质隧道施工技术要点（含超前地质预报技术）；

（6）辅助施工方法：结合工程实例，概要介绍注浆、降水、管棚、水平旋喷、冻结等辅助方法与技术要点；

（7）现场技术及管理工作要点。

5. 培训形式：5-7 天脱产学习，采用课堂讲授、线上课程、研讨交流、现场参观、专家答疑等形式

6. 配套培训服务

（1）各专题培训班开办之前，针对受培单位、受培人员进行深入的需求调研、沟通协商，并据此设计合理的课程安排和授课专家，培训课程精心准备；

（2）提供专业培训资料，提供在线培训课程及电子书阅读服务，用于受培人员更为系统、深入的学习；

（3）提供丰富的学习交流活动，包括专题的经验交流与研讨，建立交流讨论群，组织线上交流及专家答疑，加强互动教学；

（4）安排标杆性项目参观、考察、学习，加强现场教学；

（5）各单位单独办班的可提供定制化培训内容和团队建设培训；

（6）部分培训及培训课程可采用直播形式；

（7）认真执行培训计划，严格考勤管理；

（8）要求学员提交作业或专题报告，撰写培训总结，考核合格的学会授予继续教育结业证书；

（9）培训完成后，向受培单位提供"培训评价总结报告"，使受培单位掌握总体培训效果和各个学员的培训情况。

地铁工程施工技术（提高班）培训设计

1. 培训主题：地铁工程施工技术（提高班）。

2. 培训对象：具备一定的地铁工程修建经验、需要通过继续教育进行能力提升的各单位工程技术人员，包括中层技术干部、技术骨干。

3. 培训目标：提升学员地铁工程技术问题的处理能力和项目管理能力，提高其优化技术方案、控制施工成本、提高盈利水平的能力，强化关键节点风险管控能力，激发起自我提升的内在动力，培养专家型人才。

4. 培训内容：开展围绕技术人员核心业务能力进行提升的专题培训，针对地铁工程施工关键技术、新技术新进展、重大技术质量问题、关键节点风险管控以及不良地质问题处理、项目管理等地铁施工中的重点、难点、热点，结合工程案例，聚焦于每项技术的理念、方法与措施，渗透理论背景，强化项目管理能力，结合重大项目参观学习，使其具备较好的专业素养和施工组织管理能力。

部分专题罗列如下，培训班会根据培训学员情况和培训需求灵活设计具体课程。

（1）地铁工程修建新技术及新进展；

（2）明（盖）挖施工关键技术；

（3）暗挖施工关键技术；

（4）盾构施工关键技术；

（5）顶管施工关键技术；

（6）地铁工程关键节点风险管控；

（7）硬岩地层施工关键技术；

（8）软弱地层施工关键技术；

（9）复合地层施工关键技术；

（10）砂卵石地层施工关键技术；

（11）不良地质隧道施工关键技术；

（12）辅助工法选用及技术；

（13）注浆加固技术；

（14）冻结法技术；

（15）渗漏水防治技术；

（16）超前地质预报技术应用；

（17）通风除尘技术；

（18）监控量测技术；

（19）BIM 技术；

（20）专项施工方案编制与组织；

（21）施工技术优化与成本控制；

（22）地铁项目安全质量管理要点；

（23）地铁近接施工技术；

（24）地铁下穿既有建筑物施工技术；

（25）包括桩基托换技术、控制爆破技术、降水技术、钢筋精准施工技术、特殊部位混凝土施工技术、管线保护技术等在内的专项技术的讲解；

（26）在培训需求沟通中认为需要培训的其他内容。

5.培训形式：5~7天脱产学习，采用课堂讲授、线上课程、研讨交流、现场参观、专家答疑等形式。

6.配套培训服务（同示例一）。

第20讲

企业书吧建设运营及图书采购服务

在近些年的实践中发现，工程建设企业为改善机关及基层项目部学习环境，塑造团队学习氛围，越来越重视"职工阅览室"建设，相应的集体图书采购、定点图书采购也越来越多。为此，我们适时地推出企业书吧建设运营及图书采购服务，既满足企业实际需要，也创新出版机构的图书销售业务模式，进而提升服务水平和服务质量。对于企业机关及基层项目部来说，"阅览室"及"书吧"既是职工学习交流、技能培训和项目团队建设的重要平台，也是开展基层党支部建设、宣传展示企业文化和精神风貌的窗口。

企业书吧建设运营及图书采购服务，包括如下工作：

1. 提供书吧建设运营和全品类纸质图书采购服务

（1）"书吧"依托下属项目部的标准化阅读室（活动室）配置，由出版社具体承办"书吧"建设，面向全国采购全品类图书，并根据项目部的需求进行日常采购，及时补充完善纸质图书种类。

（2）"书吧"图书门类以服务工程建设的科学技术类图书（手册工具书、标准规范、学术著作、技术指南、实用技术图书、工程案例及项目总结）为主，同时包括党建党史读物、文化历史类、医疗健康类等图书及专业期刊。

（3）出版社可指派专门人员提供服务，提供"书吧"设计、装修和家具配置服务。

2. 提供定制化手机端融媒体图书馆（WiFi 盒子版）

（1）为契合年轻建设者的阅读习惯，根据项目现场的网络配置，出版社协助开发定制化的手机端 WiFi 盒子版融媒体图书馆，包含电子书、音频、视频等内容资源，可通过手机连接自带 WiFi 设备使用，自带存储，有电无网亦可使用。

（2）由出版社拟定资源清单，供公司审定，包括超过 10 万种正版大众电子图书资源、3 万多集有声读物资源和大量优质原创有声小说资源，以及电影类视频资源和其他专题资源。

3. 定制化开发大屏终端版融媒体图书馆

为深度满足项目团队集中学习、会议演示、在线视频等工作需求，同步配套大屏终端版融媒体图书馆，除满足上述工作需求外，其内容资源和使用体验与 WiFi 盒子版相同。

下面是我们所建的书吧示例。

通过企业书吧建设，提升了出版社在行业内的影响力，书吧成为出版社对外展示和品牌建设的窗口，对外交流的"使者"，建立了与一线工程技术人员联系的桥梁，间接促成了一批选题的策划。

第21讲

企业知识管理与服务平台建设实践

运用互联网和新媒体手段，协助企业开展知识管理与服务平台建设，实现上述知识管理与服务设想，打造公司"5+3平台"，助力企业高水平技术运用体系构建，是我们的总体工作思路。在此，基于我们的工作实践和经验进行简要介绍。

一、平台的主要构成

目前的企业知识管理与服务平台包括如下板块：

（1）公共知识资源和知识库提供板块，包括：数字图书馆、工法资料库、标准规范库、期刊论文库、工程案例库、视频课程库、国外隧道工程技术新进展，不定期进行新库增补，提供新品推送、规范更新、精品推荐等动态服务。

（2）企业在线培训和培训管理板块，包括：提供可视化学习资源（视频课程库）用于在线学习，可开展在线专题培训及在线直播，提供内训频道，具有良好的培训管理功能，可作为企业培训管理平台使用，不定期进行新课增补，提供好课推送、积分考核、主题推荐等动态服务。

（3）企业工程技术资料库集输用板块，通过企业工程技术资料的上传、审核、入库、发布、使用，形成企业工程技术资料库，实现企业工程技术资料的分类呈现和动态推送，实现企业工程技术资料的精细管理和运用，可作为企业技术资料管理平台使用。

（4）企业专家咨询板块，建设"隧道及地下工程专家库"，实现专家库动态管理，实现在线专家咨询、评审，形成企业在线专家咨询平台。

（5）工程词典频道，提供英汉、德汉、法汉、俄汉等语种的权威工程专业词汇互译，方便工程技术人员进行外文资料翻译、论文撰写。

（6）党建学习频道，提供党建读物和党建培训视频课程，供基层党建使用。

二、主要板块的内容组成

对于上述各主要板块，下面分别简要介绍主要内容设计、架构和服务模式。

（一）公共知识资源和知识库提供板块

由出版社向企业提供交通土建及相关领域 80% 以上的已公开出版、发布的公共知识资源，并提供适时更新服务。

1. 数字图书馆

包括公路工程、水运工程、隧道工程、桥梁工程、轨道交通、试验检测、工程管理、工程测量等交通版专业电子图书 6000 余种，以及部分外社版专业电子图书，党建、史志文化等社科类图书 1000 余种；根据需要，可针对企业的需求特点，加强相关专业图书的数字版权采购予以增补，亦可与"交通书吧"形成配套互补；数字图书馆将每月更新，增补新书。

2. 工法资料库

包括交通土建领域几乎全部相关工法，涵盖铁路、公路、水电、建筑等各个行业，涉及国家级、行业级和各大央企等各级工法，汇集成库，后续根据工法发布情况及时更新、补充。

3. 标准规范库

按照国家标准、行业标准、企业标准，涵盖公路、铁路、市政、地铁等领域常用的标准规范，对于免费公开或获得授权的标准规范，与外部机构合作，按照条文图表拆分，面向工程技术人员提供权威、最新、便捷的检索服务。目前已收录大土建领域规范 10000 余种，后续资源持续更新。

4. 期刊论文库

与相关论文检索平台合作，提供企业全部所需专业论文查询检索服务。

5. 工程案例库

汇集典型工程案例，建立工程案例库，为类似工程的施工提供参考借鉴。

6. 视频课程库

基于出版社自主开发的可视化学习资源，和企业定制开发视频培训课程，形成视频课程库，供工程技术人员在线培训使用，该库将不定期持续更新。

7. 国外隧道工程技术新进展

针对国外在工程建设方面的最新资料，进行搜集、编译、整理，不定期结集成电子书，作为内部资料，供企业人员参考使用。

（二）企业在线培训和培训管理板块

该板块提供可视化学习资源（视频课程库）用于在线学习，可开展在线专题培训及在线直播，提供内训频道；具有良好的培训管理功能，可作为企业培训管理平台使用；不定期进行新课增补，提供好课推送、积分考核、主题推荐等动态服务。

1. 在线培训课程提供与开发

（1）提供已有可视化学习资源。包括已开发的隧道工程技术、装备管理操作维保、安全管理、试验检测、重大工程案例等一批可视化学习资源，目前已上线 50 余门 200 小时视频/动画资源。

（2）定制开发在线培训课程。出版社可根据企业需要，协助开发专题培训课程，在企业内部培训平台发布。出版社可协助企业开展内训讲师团的建设，以及开发定制化企业系列培训课程。

（3）开展在线专题直播培训。根据需要，出版社可协助企业开展在线直播培训。

2. 培训管理功能

（1）实现工程技术人员自主学习和专题培训的规范化管理。

（2）实现企业可视化学习资源、讲师资源、题库资源、考试考核的全面信息化管理。

（3）作为企业人力培训管理平台使用。

3. 应用端课程发布与用户使用

（1）全面、实时的视频资源发布，可实现全库和子库检索查询。

（2）面向工程技术人员，开展自主学习和各类专题培训，实现有效的学习管理和培训管理。

（3）与企业工程技术资料板块配合，开展可视化技术交底和基层劳务人员技术培训。

（4）最新、最好、阅读量最大的视频资源的置顶推荐分享，提高资源使用效率。

（三）企业工程技术资料库集输用板块

根据企业的技术资料管理特点，出版社协助企业开展企业技术资料管理，建设企业工程技术资料库，开发相应软件系统。该板块实现企业工程技术资料的上传、审核、入库、发布、使用，形成企业工程技术资料管理与运用体系；形成企业工程技术资料库，实现企业工程技术资料的精细管理，并作为企业技术资料管理平台使用；实现企业工程技术资料的良好运用，形成企业高水平技术运用平台。

1. 企业工程技术资料管理与运用体系构建

（1）全面组织企业核心技术资料、技术成果的采集、总结与归口管理。面向各建设项目和各类技术成果，针对其核心技术资料进行采集和管理。

（2）核心技术资料库的主要内容包括但不限于各个项目的施工组织设计、专项技术方案、工法、技术交底、常见问题处置等。资料的格式包括但不限于文档、表格、视频、图片等。

（3）出版社协助建立技术资料上传、审核、入库发布和使用的管理流程及管理办法，具体运作方案可协商确定。

（4）协助开展工程师的经验分享和知识萃取工作。协助建立知识萃取和知识挖掘的类型、模式及配套组织管理制度，实现隐性知识显性化，个人知识组织化；协助开展文本资源、视频资源的加工、数字化生产和制作；知识挖掘包括但不限于基于个人的工艺工法创新案例、工程实践经验总结、技术发明和创造、内训课程资料开发等等。

2. 企业工程技术资料库的管理功能

（1）实现企业对工程技术资料的制度化管理。

（2）实现以技术资料为核心的全面信息化管理。

（3）作为企业工程技术资料管理平台使用。

3. 应用端资料发布与用户使用

（1）全面、实时的企业工程技术资料发布，可实现全库和子库检索查询。

（2）工程技术资料的有效运用，可与工作需要结合，实现文件阅读、下载、二次加工、个人和项目部技术资料库构建。

（3）与培训板块配合，开展可视化技术交底和基层劳务人员技术培训。

（4）最新、最好、阅读量最大的技术资料的置顶推荐分享，提高资源使用效率。

（四）企业专家咨询板块

视企业需要，协助企业组建开放式专家团队，构建线上线下相结合的交流咨询平台，充分有效运用行业专家的经验和能力，助力企业科技创新和项目建设。

（1）协助遴选企业内部有水平、有专长的资深工程师，聘请企业外部专家，组建开放式公司级专家团队，组建专家库，入库专家信息在App等相关平台发布，对专家库进行动态管理。

（2）共同探索公司专家团队面向一线工程项目的服务模式，探索在线专家咨询、评审的新模式，合作研发相应在线平台。

三、平台的主要功能特点

针对企业及一线工程师的需求特点、新媒体产品的服务特点、知识管理及服务的要求，平台应具备以下功能特点：

（1）实现面向业务的知识汇聚与共享，实现跨部门、组织、地域的知识分享、政策宣贯、集体培训、自主学习等。

（2）以应用为导向的知识收集与分发，同时结合出版社的内容服务，能解决企业的隐性知识传承的老大难问题，以及业务知识向员工个体进行有效传播和覆盖的问题。

（3）个人工作与学习的知识助手，可根据管理、岗位、员工群组需要完成课程、图书、资料等内容推送；所有员工都可以建立自己的学习书架，组建个人和项目部资料库。

（4）良好的用户体验，基于海量权威的知识资源，提供便捷的知识检索服务、在线培训学习及技术资料管理，满足智能化的精准查询和知识推送；基于企业用户的不同属性，提供个性化权限管理。

（5）海量的数据管理，基于云存储服务，支持各类型文本、音视频等多媒体资源的上传、分类、存储，并建立安全可靠的数据管理系统，方便企业进行工程技术资料管理，并可为企业管理者提供可视化数据分析。

（6）独立的后台管理，基于机构用户的权限管理，企业用户可获得相对独立的运营管理权限，定制 App 内容模块，发布内部公告、资讯，组织内部培训、线上测评等，更好地为企业管理服务。

（7）多平台应用终端，支持企业用户一个账号，多端口登录，包括移动端、PC 端、终端大屏等，满足用户不同场景下的应用需求，提供丰富的终端阅读体验。

（8）灵活的功能模块化设计，可根据企业不同职能部门的需要提供知识评测，也可以针对员工的使用情况提供使用行为数据分析。

四、平台建设的主要工作

平台建设通常按需求分析、平台开发、平台应用三个阶段安排建设开发计划，在方案确定后予以排布。一般来说，开发时间不超过 6 个月。

平台所涉及各板块中，公共知识资源和知识库提供板块较为成熟，平台上线后直接提供即可，企业专家咨询板块视需要专题研讨。

企业工程技术资料库和企业培训管理平台建设需深入沟通需求，协同确定业务流程，在现有平台基础上定制化开发，这两个板块除技术开发外尚需考虑以下事项：

1. 企业工程技术资料库

（1）技术资料准备阶段。制订企业工程技术资料库的元数据标准，包括技术资料的分类、数字格式、标签数据等，并对现有技术资料进行筛选、加工、存储，形成第一批技术资料。

（2）业务流程试点阶段。构建企业工程技术资料库的业务流程，包括技术资料的采集、上传、审批、管理，并纳入企业工程技术资料的档案管理制度，对业务流程进行测试、优化。

（3）数据采集应用阶段。组织全体员工培训并掌握企业工程技术资料库的上传、应用，鼓励技术资料的分享上传，并指定专人进行维护管理，定期进行数据分析，为企业核心技术资料的应用管理服务。

（4）数据维护升级阶段。随着数据库的海量存储、用户需求的不断变化，技术资料库需要在技术应用、服务水平上不断迭代升级，以大数据分析应用作为企业软实力建设的一部分。

2. 企业培训管理平台

（1）建立员工培训档案。包括导入员工岗位、部门、专业等基本信息，并按照定人定岗定培训内容，逐步建立各岗位的学习地图。

（2）构建培训课程体系。按照各岗位的培训目标，细化培训内容，企业可通过专项培训、定制开发等形式，不断完善培训课程库。

（3）逐步优化培训指标。基于培训平台的数据分析，可对培训课程效果和培训人员水平给出反馈，形成个性化培训报告，提高企业培训管理水平。

（4）构建人才培养体系。通过高效的培训管理，加快人才培养体系建设，为企业高质量发展提供内生动力。

第22讲

隧道及地下工程专家库的建设与运用

伴随隧道及地下工程领域向全媒体、多业务、综合性知识传播与服务转型的不断深入，以及新型知识服务业务的不断探索和实践，包括科技成果总结与出版、专家咨询、线上线下培训、专业技术情报资料编译在内的诸多新业务，都对专家资源提出了很高的要求。同时，对于出版机构来说，专家（作者）资源作为出版资源的一部分，其平台化组织、建设、维护和有效运用是企业核心能力建设的重要构成，是企业高质量发展、全面转型升级、管理水平提升的重要标志和必然阶段，也是解决目前出版机构资源集聚不足、缺乏有效管理、主动利用有限、运用效率不高、对业务推进支撑不够等常见问题的有效手段。

为此，基于隧道及地下工程领域良好的发展基础，在2020年3月出版社率先启动了"隧道及地下工程专家库"的建设工作。专家库建设主要采用定向邀请、自主申报、专家推荐三种方式开展遴选工作。这项工作的主要目的就是针对上述需求背景，有计划地充分集聚隧道及地下工程领域各层次专家资源，推进专家（作者）资源建设与管理的平台化、制度化、信息化，加强专家（作者）资源的深度挖掘和有效运用，为图书出版和知识服务业务开展提供基础性支撑。

本次专家库建设，主要面向各企事业单位中从事隧道及地下工程科研、规划、勘察、设计、施工、管理的专业人士，专业方向覆盖材料、设备、工程测量、试验检测、工程造价等。对于入库专家的资历要求，应具有大学本科及以上学历，原则上应有副高级以上职称；业务精通、专业理论知识扎实，有较强的知识更新意识和能力，能解决本专业领域内的复杂问题；能够至少承担图书编写及审稿、技术培训授课、企业工程技术咨询等其中之一的工作；守法诚信，具有良好的职业道德，遵守出版社的相关规定。

本次专家库建设，设计了"隧道及地下工程专家库"入库专家情况表（见附件），由申请入库的专家填报，主要内容包括个人资料、单位资料、所属专业领域、主要擅长专业领域、主要工作经历及业绩、主要社会兼职、主要论著、主要获奖情况以及知识服务合作意愿。相关字段和信息资料的设计主要考虑对专家库进行信息化管理，便于定向检索查询，在专家选择时可以考察其专业优势，同时为出版社提供基础性作（译）者库、咨询专家库、培训专家和培训课程库。专家情况表的形式包括 Word 版、Excel 版和微信端填报。

本次专家库建设，邀请函一经发布，得到了广大专家的一致好评和积极反馈，反映了业内专家参与知识服务、服务企业技术咨询的积极性，也证实了出版机构作为咨询组织机构、知识传播与服务平台的必要性、可行性、认可度，为随后开展专家咨询业务注入了信心。

目前，第一批入库专家有 208 位，包括以中国工程院院士为主的资深专家 1 位，以正高级职称为主的高级专家 86 位，以副高级职称为主的专家 121 位，涵盖公路、铁路、地铁、市政、矿山、水电等各行业，涉及勘察、设计、施工、装备制造、工程监理、工程测量、项目管理等各领域、各专业，包括高等院校、科研机构、设计施工企业等各类机构，专家资源覆盖广泛、层次丰富，基本满足出版社开展知识服务业务和图书出版选题策划的需要。

通过专家库建设，同时征集有个人科技成果总结与出版意愿的专家

189 位，有意愿为企业开展科技成果总结及撰写工作的专家 181 位，有意愿开展外文资料翻译的专家 104 位，有意愿作为相关企业外聘专家并提供技术咨询服务的专家 186 位，有意愿参与线上线下技术培训的专家 147 位，并征集培训课程主题 362 个，为出版社基础性作（译）者库、咨询专家库、培训专家和培训课程库建设打下了良好基础。

因此，专家库建设应作为支撑相关业务发展的日常性工作予以重视，配套协调沟通、定期申报增补等工作机制，确保良好的建设与运作效果。总结隧道及地下工程专家库建设过程中的经验，有如下三方面的认识和体会：

（1）专家库要充分集聚各行业、各层次、各方面的专家，要有广泛性和权威性，以满足图书出版发展、企业知识服务对于专家的需求；要主动邀约大部分国内一流有影响力的专家，以确保专家库的权威性、影响力、凝聚力和认可度。专家库要"实"，要能对实际业务和工作开展起到实实在在的支撑性作用。

（2）专家库要采用信息化管理平台进行高效管理，包括入库、查询、检索、推送以及分类管理等各类功能，要能根据知识服务需要快速筛选、导出、推送目标专家，要能和运营端自动对接并支持前端业务流程运转。

（3）加强专家库的有效运用，包括日常的密切联络，选题策划中的调研、征稿与组稿，知识服务业务中的专家合作，专家资源的功用拓展等等，与具体业务开展紧密结合，充分发挥专家库的效能。

附件

"隧道及地下工程专家库"入库专家情况表

一、个人资料							
姓　　名		性　别		出生年月		民　族	
职　　称		联系方式	座机：＿＿＿＿＿＿　手机：＿＿＿＿＿＿ 邮箱：＿＿＿＿＿＿＿＿＿＿＿＿＿＿＿ ＱＱ：＿＿＿＿＿＿　微信：＿＿＿＿＿＿				
通信地址							
二、单位资料							
单位名称 及部门			单位地址				
职　　务			单位属性	□勘察设计　□施工企业　□材料与装备制造 □高等院校　□职业院校　□政府及管理机构 □科研机构　□工程监理　□其他：＿＿＿＿＿			
三、所属专业领域（可多选）							
□公路工程　□铁路工程　□地铁工程　□市政工程　□水利水电工程　□其他：＿＿＿＿＿ □科研　□勘察　□设计　□施工　□监理　□其他：＿＿＿＿＿＿ □材料　□设备　□工程管理　□工程测量　□试验检测　□工程造价　□其他：＿＿＿＿＿							
四、主要擅长专业领域							
（请简要介绍所擅长专业领域，并列出关键词，如注浆、盾构、通风等） 							
五、主要工作经历及业绩							
时　间	所在单位		职　位		主要科研或工程业绩		
六、主要社会兼职							

续上表

七、主要论著			
发表/出版时间	论著名称	作者署名	发表机构（期刊或出版社名称）

八、主要获奖情况			
获奖时间	奖项名称	获奖级别（如省部级、国家级等）	颁发单位

九、知识服务合作意愿（可多选）	
科技成果总结与出版	□个人科技成果总结出版 □参与行业性手册工具书编写 □协助相关企业开展科技成果总结及图书编撰、审定 □外文资料的翻译，语种：_____ □外文著作的编撰，语种：_____
专业技术咨询	□作为相关企业外聘专家 □参与项目评审、咨询和课题研究 □主要专长（1）_____（2）_____ 　　　　　（3）_____（4）_____
专业技术培训	□参与线下培训班授课 □参与在线培训课程录制 □拟主讲题目（1）_____ 　　　　　　　（2）_____ 　　　　　　　（3）_____ 　　　　　　　（4）_____
其他	（可专家自行提出合作意愿）

后 记

Postscript

2017年，蒙出版社厚爱，被推荐评选为"交通运输系统交通运输青年科技英才"。2018年，交通运输部有一个人才资助计划，可以为论文著作出版提供资助。刚好，我在交通建设企业的知识管理和知识服务方面进行研究、探索和业务拓展已有三四个年头，从事图书出版也快18年了，经年的积累也有些心得体会，因此也就"不自量力"，用近一年的时间，写作并出版本书。

编辑或者说出版人，向来是为他人作嫁衣的，常年在策划图书，也知道作者写本书不容易，但也只有自己写出来，才知道写书是个"苦差事"。当然，除了更加设身处地地理解我们的专家和作者之外，结合科技出版的特点以及过往的经验，对于写作著书，还是有些新的感悟。

第一，一定要有写作基础，在选题方向上要有所建树，有研究深度，有实践经验，有较为丰富的资料积累，绝对不能"现凑"。

第二，成书要有专业上的突破和创新，要反映一定的专业水平，要对读者有指导意义，也要自成体系。

第三，作为著作，不是技术资料的简单堆砌，而是要在写作中把数据、信息、资料总结、提炼为"知识"，比如理论知识、工艺工法、经验规律等，要形成知识系统，在科技领域还要尽量使其理论体系化或学科体系化，在表现形式上则是要纲目清晰、内容丰富。

第四，当然，写作要客观，既要写好的方面，也要指出不足，要对今后一段时期的工作进行展望。

第五，写作上尽量达意清楚、文字简练、图文并茂，给读者良好的阅读体验。

第六，写作中要有明确的计划，从资料整理、初稿写作到审定润色、正式出版，会涉及反复的调整和修改，工作繁冗，要有条不紊地推进，更要有耐心。

当然，就本书而言，能否达到这些目标，还请读者评判并不吝指正。面向企业的知识管理和知识服务，在国内也算是比较新的领域，写作此书的本意也是总结经验并和大家交流，供参考借鉴。

就企业知识管理和知识服务而言，未来的发展走向、发展空间如何，还有哪些问题须作深入的研究，在此依据个人经验谨作三点展望：

第一，交通建设企业推进以软实力建设为目标的知识管理，将越来越成为共识；出版企业则是最有可能涉足该领域业务的机构，发展空间很大，宜乎作为战略发展方向之一。

第二，针对交通建设企业的新型知识管理与知识服务供给体系构建，开展理论研究、规律探寻、探索尝试、推广拓展，应是出版机构今后一段时期的重点工作。

第三，对于出版机构的业务发展来说，科技成果总结与出版近于传统，但新形势下仍有再发展空间；公共知识资源集聚以及知识库构建，是适应新形势、满足新需求的必然选择；企业技术培训及在线课程开发服务，当下市场空间极大，应强力拓展；而企业工程技术资料库及集输用平台建设，则是一片蓝海，未来可期，宜及早布局谋篇。

衷心希望出版同行携手有关行业企业，通力合作，共同推进企业的知识管理和知识服务，为中国企业"软实力"的不断提升做出我们应有的贡献。

陈志敏

于 2020 年岁末

图书在版编目(CIP)数据

跨界与联通:隧道及地下工程领域的知识管理与知识服务/陈志敏编著.—北京:人民交通出版社股份有限公司,2021.7
ISBN 978-7-114-17320-2

Ⅰ.①跨… Ⅱ.①陈… Ⅲ.①隧道工程－工程施工－施工管理②地下工程－工程施工－施工管理 Ⅳ.①U455②TU94

中国版本图书馆CIP数据核字(2021)第084913号

	Kuajie yu Liantong: Suidao ji Dixia Gongcheng Lingyu de Zhishi Guanli yu Zhishi Fuwu
书　　名:	跨界与联通：隧道及地下工程领域的知识管理与知识服务
著 作 者:	陈志敏
责任编辑:	王　霞
责任校对:	孙国靖　卢　弦
责任印制:	张　凯
出版发行:	人民交通出版社股份有限公司
地　　址:	(100011)北京市朝阳区安定门外外馆斜街3号
网　　址:	http://www.ccpcl.com.cn
销售电话:	(010)59757973
总 经 销:	人民交通出版社股份有限公司发行部
经　　销:	各地新华书店
印　　刷:	北京印匠彩色印刷有限公司
开　　本:	720×960　1/16
印　　张:	12.75
字　　数:	288千
版　　次:	2021年7月　第1版
印　　次:	2021年7月　第1次印刷
书　　号:	ISBN 978-7-114-17320-2
定　　价:	86.00元

(有印刷、装订质量问题的图书由本公司负责调换)